三位一体の聖エリザベット

いのちの泉のほとりにて

伊従信子

ドン・ボスコ新書

第二部　愛は愛を呼び起こします　三位一体の聖エリザベットの言葉

はじめに

三位一体のエリザベットの列聖式（二〇一六年十月十六日）を記念して、絶版であった『いのちの泉へ』と『あかつきより神を求めて』を一冊にまとめ、『三位一体の聖エリザベット』としておとどけできることをうれしく思います。

二十世紀の初め、二十六年の短い生涯をかけてエリザベットは生ける神が私たち一人ひとりを愛しており、心のうちに住まわれていることを深く体験しました。「私の一生に太陽の光がさんさんと注いでいたのは、心の深みに住まわれる神との親しさからでした」との言葉を残しています。

エリザベットは、周りの人々にその豊かな現実を日々の平凡な生活の中で伝えました。彼女の三百四十六通の手紙は、家事・育児にいそしむ妹をはじめとし、心配事をかかえた世間の母親たち、知人、未亡人、友人たちそして無神論者の主治医などに宛てたものです。

人々の孤独、悲しみ、死の恐れ、喜びなどを受けとめながら、エリザベットは自分自身が生きている「神の現存」の神秘を勧めました。その神秘を自分のうちに深めるために特別な生活様式は絶対的なものではないと強調します。必要なことは、「神は私のうちに、私は神のうちに」という現実をしっかり受けとめて、心の深みに生きることなのだと。「そのために必要な心の沈黙を深め、そこに人々がとどまるように助けましょう」とエリザベットは死を前にして約束しました。

日本でも聖エリザベットのメッセージは宗派を超え、またキリスト者以外の方々からも親しまれています。この二十一世紀に「現代における預言者的使命」（オッセルヴァトーレ・ロマーノ紙 L'Osservatore Romano、ローマ教皇庁新聞）をもった聖エリザベットが、さらに多くの方々にその使命を果たしてゆくことができますように。

この本では、エリザベットの生涯を彼女自身の言葉で紹介するように努めました。彼女の言葉は体験に裏打ちされた「生きられた言葉」です。その言葉は湧き出る神のいのちへと導いてくれることでしょう。

伊従信子

二〇一七年　三月二十五日　神のお告げの祝日

第一部　三位一体の聖エリザベットの生涯

一　あかつき

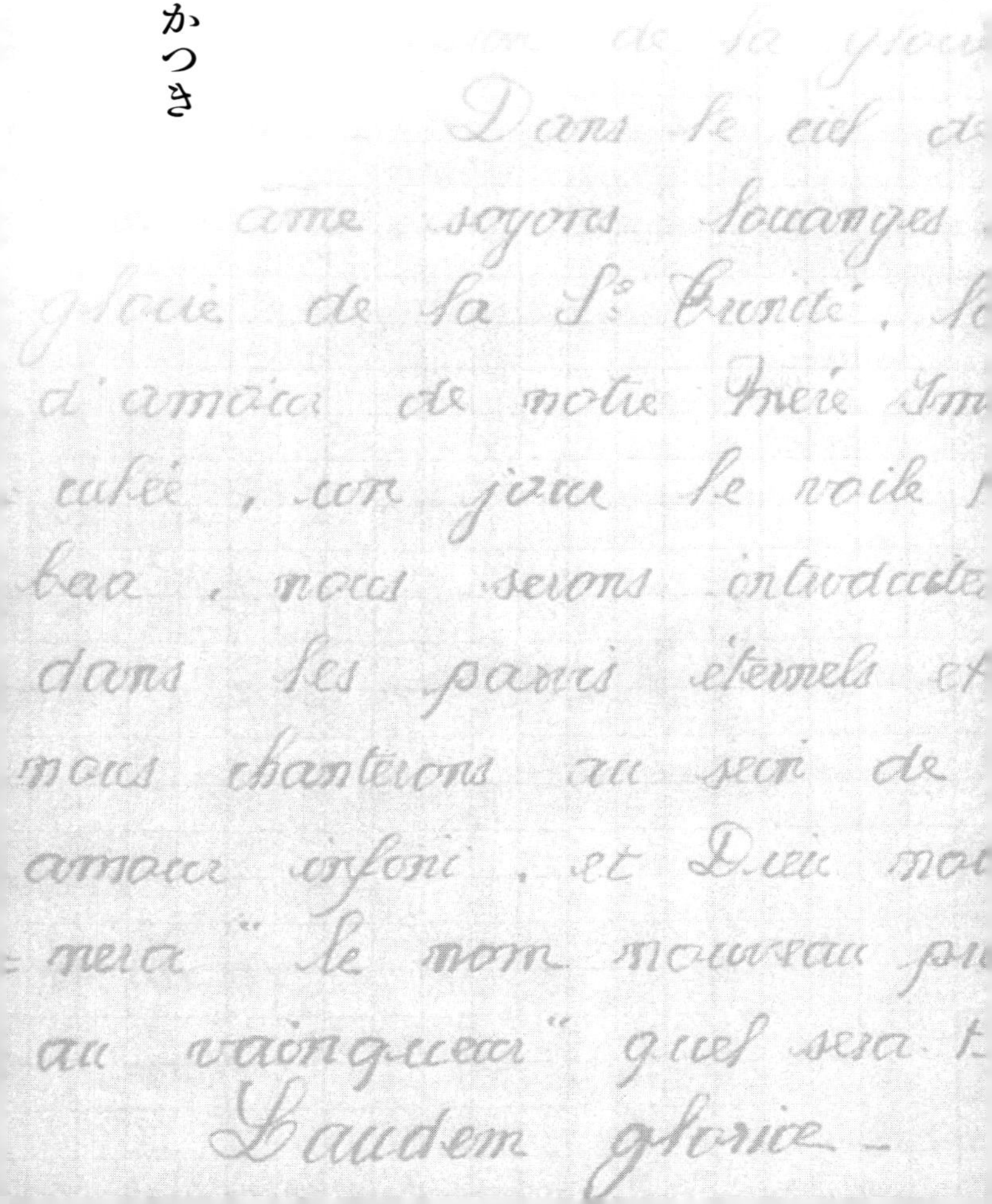
Dans le ciel de
âme soyons louanges
gloire de la Ste Trinité, l
d'amour de notre Père Imm
culée, un jour le voile
bas, nous serons introduite
dans les parvis éternels et
nous chanterons au sein de
amour infini, et Dieu nou
nera "le nom nouveau pr
au vainqueur" quel sera t
Laudem gloriae -

やっと生まれたエリザベット

「残念ながら大尉殿、赤ちゃんのほうは犠牲にしなければならないでしょう」と、カテー家に呼ばれた二人の産婦人科医は口をそろえて言った。四十七歳で一年前に結婚したジョゼフ・カテーは、十三歳年下の妻マリーと初子をなんとしても助けたかった。

一八八〇年七月十八日やっと産声をあげたその子はエリザベットと名づけられた。歩き始めるようになったエリザベットは、「そこら辺を這い回っては毎日白いズボンを真っ黒によごすまったくのいたずらっ子」、「ペチャペチャとよく話す、なかなかのおしゃべり屋さん」で、周りの人々をおもしろがらせた。「おばあちゃまがご病気」と聞くと、モミジのような手を合わせて真剣に祈り、お人形にもひざまずかせて敬虔に祈らせるのだった。この人形ジャネットは幼少のエリザベットの無二の遊び相手で、一歳ごろからのエリザベットの写真には必ず登場する。五歳に満たないエリザベットが、父親に書いた手紙はジャネットについてであった。

あたしのおにんぎょうさんのことをこころにかけてくれるやさしいパパ。ジャネットのかぶるカギあみのちいさなぼうしをみつけてくださったら、すごくうれしいんだけど。おかえりがすごくまちどおしい。

待ち遠しいのはパパなのか人形の帽子なのか。一週間もたたないうちに再びペンをとる。

よいりょこうをつづけてください。たのんだことわすれないでね。

二歳に満たないある日のこと、教会の馬小屋に置く幼きイエスさまにその人形を貸してほしいと申し込まれた。「お人形には金色の星のついた洋服を着せるのでエリザベットには絶対にわからない」と保証され、少々ためらっていたカテー夫人はついに貸すことにした。ところが当日、司祭が壇上で話し始めるとエリザベットはそのつぶらな目を馬小屋に移し、自分の人形を見抜いてしまう。

「ジャネット！ あたしのジャネットかえして！」

静まりかえった教会内に響き渡ったそのかん高いエリザベットの怒り声は、さらに続いた。「いじわる神父!」

自分が欲しいものはなんであるか心得ており、欲しいものは絶対手に入れようとする強固な意志。別の言い方をするなら「きかん坊」「強情っぱり」「頑固」なエリザベット。しかし後日この強固な意志は神へと向けられ、その威力を発揮することになる。

幸せな家庭

一八八二年、カテー家は、ブルゴーニュ地方の芸術的風ぼうのあるディジョン市に引っ越した。そこで翌年生まれた妹マルグリットは、まじめで大変温和な子どもだった。エリザベットはどちらかといえば烈しい、元気あふれる子で、何かにつけて自分の意志をとおして周りの者を従わせてしまう「リーダー」格のところがあった。それでも心やさしいところもあり、妹思いで、子どものころの写真には必ず二人おそろいの洋服を着て仲良く写っている。

父親ジョゼフ・カテー大尉は、フランス北部出身で、七人兄弟姉妹の四番目であった。家庭は非常に貧しかったので、小さいときから精力的に、しかも忍耐強く「生きる」ことを身をもって学んでいた。仕事に対する責任感と忠誠、そして快活な気質をエリザベットは父親ジョゼフから受けついだようである。

お人形のジャネットと

ジョゼフのよき伴侶となったマリーは中部ロレーヌ地方に生まれた一人っ子。その母方からロレーヌ地方の血をひいて、祖先伝来の素朴な、強い信仰の持ち主だった。カルメル会の改革者聖テレサの崇拝者で、その著作から感銘を受けた言葉を抜き書きしていた。マリーの心こまやかな人柄というか、どこか心配性気質は、フランス北部に旅行中の夫に宛てた手紙の中によく表れている。

「私の忠告をお忘れなく、無理をしないでください。ビール・煙草はのみすぎないように。健康にはくれぐれも注意して。私たちのことを思い出してください」

短い手紙の中に五つの命令の書き込みは、マリーの指示的性格が表れている。それはそのままエリザベットの中に指導者的風格として流れこんでいるようである。人情深いマリーは人づきあいがよく、家庭生活でもよく人々との和を保っていた。

怒りに燃えるひとみ

しかし、平和と幸福の家庭は、それほど長くは続かなかった。六歳のとき、エリザベットは初めて親しい者の死を味わった。幼い心を養い、おもしろい話をよくしてくれた「良きおじいちゃま」が亡くなった。その悲しみがまだ消えないうち、父親が数回の心臓発作におそわれ五十五歳で他界した。三、四歳のころには家の戸を内側から足で蹴ったり、床を踏みならして怒ったりする気性の烈しい、活発なエリザベットも父亡き後いくらかおとなしくなった。しかしその活発さが減少したのも長い期間ではなかった。たちまち以前の烈しさをとり戻し、「怒りに燃えるひとみ」「火のようなまなざし」で激怒し、周りの者の手におえなくなるときには、「近くのよき牧者の家（救護施設）にあずけましょうね。すぐ荷物を用意して！」とおどかさなければならなかった。しかしまた、わきまえたところもあり、ひとたび自分が他人に迷惑をかけているとわかると、すぐ自分をとり戻した。

エリザベット5歳（左）、妹マルグリット3歳

一度何か始めたらとことんまで極めなければ気がすまない性分のエリザベットは、七歳から八歳の間にゆるしの秘跡を

受けてから自分の欠点に挑戦するようになった。

一八八九年の一月一日、八歳のときに新年の決心をいたずらっぽく、しかしまじめに母親宛てに書いている。

大好きなママ、

明けましておめでとう。今年はママの言うことをよく聞き、ママをもう怒らせない、よい子でいたいと思います。もう泣いたりしないし、ママを喜ばせるために〝模範生〟になるってお正月の約束をします。でもきっと信じてはくださらないでしょうね。この手紙がうそを言ったことにならないように――時々そうなってしまったことは今までにあったけど――この約束を守るためにできるだけがんばります」

同年の十二月三十一日も同じような善意に満ちた決心は続く。しかしそこには新たなものがつけ加えられている。エリザベットは初聖体を待ち、自分の努力だけでなく神の特別な助けに希望を置くようになる。

もう私も大きくなったので、おとなしく、がまん強く、そして言うことをよく聞く

すなおな子、絶対に怒りださない子になるようにします。私はお姉さんで妹によいお手本を示さなければならないから……、ママが世界一幸福な母親だって言えるようにします。それにもうすぐ初聖体という幸福を待っているからです。それで、もっとよい子になれるでしょう。

イエスさまを迎えて

エリザベットは母親へのお正月の約束を一生懸命守ろうとして、一年あまり初聖体の準備を熱心にした。けれども持ち前の活発さがつい先走ってしまい、廊下の真ん中で友達と一緒にひざまずかされることもあった。

ついに一八九一年四月十九日、ご聖体のうちにイエスを初めて迎えた。聖ミッシェル教会を出ながら、「もう私はひもじくないわ。イエスさまが私を養ってくださったから……」と喜びの涙をためて、友達のマリー・ルイーズにささやいた。

初聖体のとき以来、エリザベットはご聖体のうちにご自分を与え尽くしてくださるキリストの愛に自分も同じように愛で応えて、自分自身を与え、一生をささげたいと熱望するようになった。このような愛の交換へと導いてくれた母親に後日（一九〇三年九月六日）、カルメルから感謝している。

もし私がほんの少しでも神さまを愛しているとしたら、それはママが私の心を神さまのほうに向かせてくださったおかげです。初めての出会い、キリストと私が互いに与え合ったあの偉大な日のために、あのようによく準備してくださったのですから。

また初聖体のころからエリザベットのあの烈しい気性、怒りの嵐は内側から静められていくようになった。周りの人たちもその変化に気がついた。キリストにとらえられたと感じ、好んで祈るようになったのもこのころのことであり、教会ですでに人々の目をひくほど潜心して祈っていた。

聖ミッシェル教会の初聖体を受けた子どもたちは、その日カルメル会修道院を訪問する習慣になっていた。エリザベットは、イエスのマリー院長から初聖体記念として聖テレサのご絵をいただいた。

何ごとにも心を乱すことなく　何ごとにも恐れることはない
すべては過ぎ去っていく　神のみ変わることがない　忍耐はすべてをかちとる
神をもつ者には　何も欠けることがない　神のみで満たされる

その裏にマリー院長は次のような言葉を記した。

あなたの祝された名は、このよき日に成就する一つの神秘を含んでいます。あなたの心は地上において、愛である「神の家」エリザベットです。

エリザベットとは「神の家」、自分の名前の神秘をあかされたのであった。しかし、初聖体の日に蒔かれたこの恵みは、からし種であった。カルメル会の院長も、そしてエリザベットもそのとき、この種子が後日大きな木となり、どんなに多くの実を結ぶか想像もしていなかった。蒔かれたと言うよりむしろこぼれ落ちたというほうが適切なこの小さな種子は、これ以降、日々の平凡なできごとの中に徐々に育まれてゆき、エリザベットの特別なメッセージとして成長してゆくことになる。

勉強にいそしんで

夫亡き後、二人の娘にしっかりした教育を授けようとカテー夫人は七歳のエリザベットにフランス語、後に古典の個人教育を家庭で受けさせた。先生のグレモー嬢はこのかわいらしい生徒が、「鉄のような意志」の持ち主であることをすでに見抜いていた。十五歳のころのフランス語の作文の宿題にエリザベット自身による非常に興味深い少女期の自己描写が残っている。

自分自身について肉体的、精神的面から書くというのはとても大きな課題です。挺

身の勇気をふるってこの仕事にとりかかります。傲慢をのぞいて、私の人柄は全体としてそんなに悪くないと思います。

髪は褐色、年の割には背丈は高いほうだと言われています。きらきら光る黒いひとみ、そしてきびしい感じを人に与える太い眉。ほかにはとりたてて言うことはありません。ただ、足はすてきで、ベルト女王のように長足のエリザベットとあだ名をつけられるかもしれません。容姿に関してはこれくらいでしょう。

精神面は、どちらかと言えば性格はよいほうでしょう。快活ですが、少々落ち着きがないと認めなければなりません。でも親切です。おしゃれは生まれつきです。「少しはおしゃれのほうがよい」と人は言いますが。なまけ者ではありません。「仕事は人を幸福にする」と思っています。忍耐の模範生とまでは言いませんが、普通自分を制することを知っています。性格はさっぱりしています。精神的特徴はこんなところでしょうか。欠点はたくさんもち、残念ながら長所はほとんどありません……、でも手に入れたいと思っています。これでいやな宿題が終わり、助かりました。

ピアノに向かって

エリザベットが八歳になったとき、カテー夫人はディジョン音楽学校に娘を入学させた。それからは長時間、ピアノの前に座って練習するのが日課の大半を占めるようになった。若い演奏家を育てるために、ディジョン市で催される音楽学校主催のコンサートには、まだ足がピアノのペダルにやっととどくかとどかないころから積極的に出演していた。彼女の表現に富んだ見事な演奏ぶりはいつも賞賛を博していた。そんな演奏会の後「どうだった？」と母親に尋ねるとき、子どもが虚栄心を少しでも起こさないように賢明なカテー夫人は「それほど悪くはなかったわ」と答えるのだった。母親を愛しているエリザベットは、「そう、それでは次のときにはもう少しがんばりましょう」と素直に答えた。

彼女のうちに特性として輝いていた天真らんまんな無邪気さと単純さを失わせない

ように、カテー夫人は絶えず注意を払っていた。そのような母親に応えるかのように娘は聴衆の感嘆に酔うことのないように子どもながらに注意していた。どんなに熱狂的な賛辞を受けても、「今度はよく弾きましょう」と謙虚に練習を重ねてゆく彼女のその努力と才能はついに十三歳のとき、ピアノ科一位の賞をもたらした。さらに翌年には特賞の候補に名前が上った。

音楽学校主催のコンクールで1位になった13歳のころのエリザベット

しかし、そのようなピアニストとしての成功は、果たしてその努力と才能からだけのものなのだろうか。あるとき、音楽会に出演するのを大変こわがっていた友にエリザベットは自分の「秘訣」を語った。

神さまがマドレーヌの小さい指先にまで満ち満ちていてくださいますよう

に。そうすれば誰と競争しても負けることはないでしょう。おじけづかないで。私の秘訣を教えましょうか。それは聴衆のことはまったく忘れてしまって、ただ自分と神さまだけを信じること。すると自分の全身全霊をもって神さまのために弾くことができ、力のある、まろやかな、しかもしんみりとした穏やかな音を楽器から出すことができるの。神さまにこのような話し方をするのが私は本当に大好き。

楽しい夏休み

ピアノ・フランス語・古典の勉強に全力投球するエリザベットは、夏になると思いきり休みを楽しんだ。母と妹マルグリットと三人で毎夏ディジョン市を離れ、アルプス、ヴォージェ、ピレネー地方の友達、親せきを訪れての長い旅行に出かけた。

二週間ほど、ジェモーのド・スルドン夫人の家に来ていますが、夫人は私たちを帰らせようとしません。とにかく最高に楽しいです。いつ終わるかわからないクロッケー、すてきな散歩、音楽の演奏。ド・ジェモー氏は大の音楽愛好家です。私たちはお城にたびたび出かけて行きました。

ジェモーを離れてからミルクールでは、私たちのための晩餐会・お茶会が続き十五日間すぐにたってしまいました。九月二日からジェラ地方に来ています。ここではよく遠出をします。大好きな樅の美しい森林・林にわけ入って木苺を摘んだり、一日中田舎のきれいな空気を吸って野原をかけまわったり、本当にすてき！　十月六日にはディジョンに帰ります。会えるのを楽しみにしています。（一八九三年九月二十日）

二年に一度はオード県カルリッパのカテー夫人のいとこの家で過ごした。エリザベットは、カルリッパに隣接するサン・マルタンへの散歩のとき、ル・ラムビィ河につき出ている大きな岩かげで心を天高く上げ、神に祈るのが好きだった。大好きな地中海の真っ青な海に足を入れ、そこで青い波がくだけるとき、それがひとつの祈りとなることを望むのだった。

大好きな海に見とれ、泳いでいる人々を眺めて、浜で午前中を過ごしました。四時にカルリッパに着き、おばさま方に歓迎されました。すばらしい南仏料理をごちそうになって甘やかされています。(一八九六年八月十日)

カルリッパでの滞在をエリザベットは後日カルメルで思い出している。

おばさま、なつかしいあの小さい教会にいらっしゃるとき、そこには私の魂が息づいているようにお思いになりませんか。そこで朝夕お祈りするのが好きでした。美しい鐘の音を聞きながら月光に照らされてセール河沿いを散歩したのを覚えていらっしゃいますか。星の光の下の谷、その果てしない広さ、すべては私に神について語りかけていました。ご一緒に過ごした夏休みを決して忘れてはいません。(一九〇二年十月)

一八九六年九月、母娘三人は、カルリッパからサン・ティレールに移った。サン・ティレールはカテー夫人が十九歳から結婚するまで十五年間住んでいたなつかしい故郷だった。

サン・ティレールではあまりのごちそうに胃のほうが降参してしまいました。・・・リモーで私たちはたいそう歓迎されています。私の親しい友人ガブリエル・モンペリエにまた会いました。私より四歳年上、二十歳の魅力的なこの友人とはよく楽しいピクニックに行きます。それにガブリエルのグランド・ピアノは私に無上の喜びを与えてくれ、ここでよく音楽を演奏します。グランド・ピアノは最高にすばらしい音を出すので何時間でも弾いていたくなります。ヴァイオリンが上手なガブリエルのいとこの伴奏や、その方の夫、優秀なピアニストと連弾したりして楽しんでいます。（一八九六年九月二十二日）

神の呼びかけ

夢中でピアノに向かうその同じ熱心さで夏休みには遊びに興じる。「私の心をときめかした夏休み、さようなら《アデュー》」、そんな詩を書いていた十四歳のエリザベットは、ある日、ご聖体を拝領した後、内からの抵抗し難い力を感じて、イエスに身をささげた。

互いに特別何を言ったのでもありません。私たちは互いに深く愛し合っていたので、

ただイエスのものになりたい決心が、いっそう決定的なものとなったのです。

初聖体のあの恵み――聖体のうちにご自分を与え尽くされたイエスに、愛をもって応えたいという自己奉献・イエスとの深い一致の望み――は、エリザベットのうちですくすく育ち、このときそれが意識化されてきたのだった。彼女のひたすらの思いは一八九四年十四歳のときにつづられた二十三編の詩に躍動している。この詩は「私は神に会いたい、神に会うためには死ななければならない」というアビラの大聖テレサの子ども時代の叫びに呼応する。

エリザベットとカルメルとの結びつきは、彼女が六歳ごろにさかのぼる。それは夫亡き後、必要にせまられたカテー夫人が娘二人ともっとこぢんまりと生活するために、同じディジョン市のプリヨール・コードル通りの家の三階に引っ越してからのことだった。その家のテラスから広い庭に囲まれた不思議な建物が見えた。いつしかそれがカルメル会修道院であることをエリザベットは確かめた。朝夕鳴り響くお告げの鐘は、「小さい窓」の貧しい修道院での祈りの生活を周囲の人々に語り告げているようだった。特に音に敏感なエリザベットは祈りへと呼びかける鐘の音を毎日耳にして、幼な心にカルメルの生活にひかれるようになっていた。しかしそれが「ことば」に結晶するまでには、まだ時間が必要だった。

八歳の夏休みのある日、それまで友達と遊び興じていたエリザベットは、サン・ティレール教会主任司祭アングル神父の膝によじ登って、「私、修道女になる、なりたいの」と神父の耳もとにささやいた。

主の御旨のままに

一八九七年、S神父は転任するに先立ち、カテー夫人にエリザベットの召命について真剣に話した。娘のカルメル会入会の望みを知ったカテー夫人は、自分で娘の召命を試し、それが熟するのを待ちたいと考え、エリザベットがカルメル会の修道女たちと会うのを禁止した。夫人自身若いころから、聖テレサの著作に親しんでいたものの、娘の召し出しには決して賛同しなかった。やむなくエリザベットはしばらくの間、召し出しという問題を口にすることは慎まなければならなかった。そしてただひたすら自分を呼ばれる主に望みを置き、折々に自分の思いを日記や詩に書きつづる以外何もできなかった。

ちょうどこのころ、同じフランスで二十四歳のテレーズが結核におかされ亡くなった。二年とたたないうちに、彼女の自叙伝、『ある霊魂の物語』をエリザベットは手にすることになる。

キリストへのノスタルジーとも言えそうなカルメルへのこの思いは、これ以後さらにつのっていった。豊かに恵まれたバイタリティーは、周りの者が気がつかないうちにさらに強く彼女をひとつの方向へと向かわせていた。

主の摂理にひたすら希望を置くことを学び、希望の芽を伸ばし始めていたにもかかわらず、その後、母親が病気になるに及んで、エリザベットの召し出しは以前にもまして不可能のように思われてきた。

神はいったい何を問われているのだろうか。何を望まれているのだろうか。

二　「神は私のうちに、私は神のうちに」

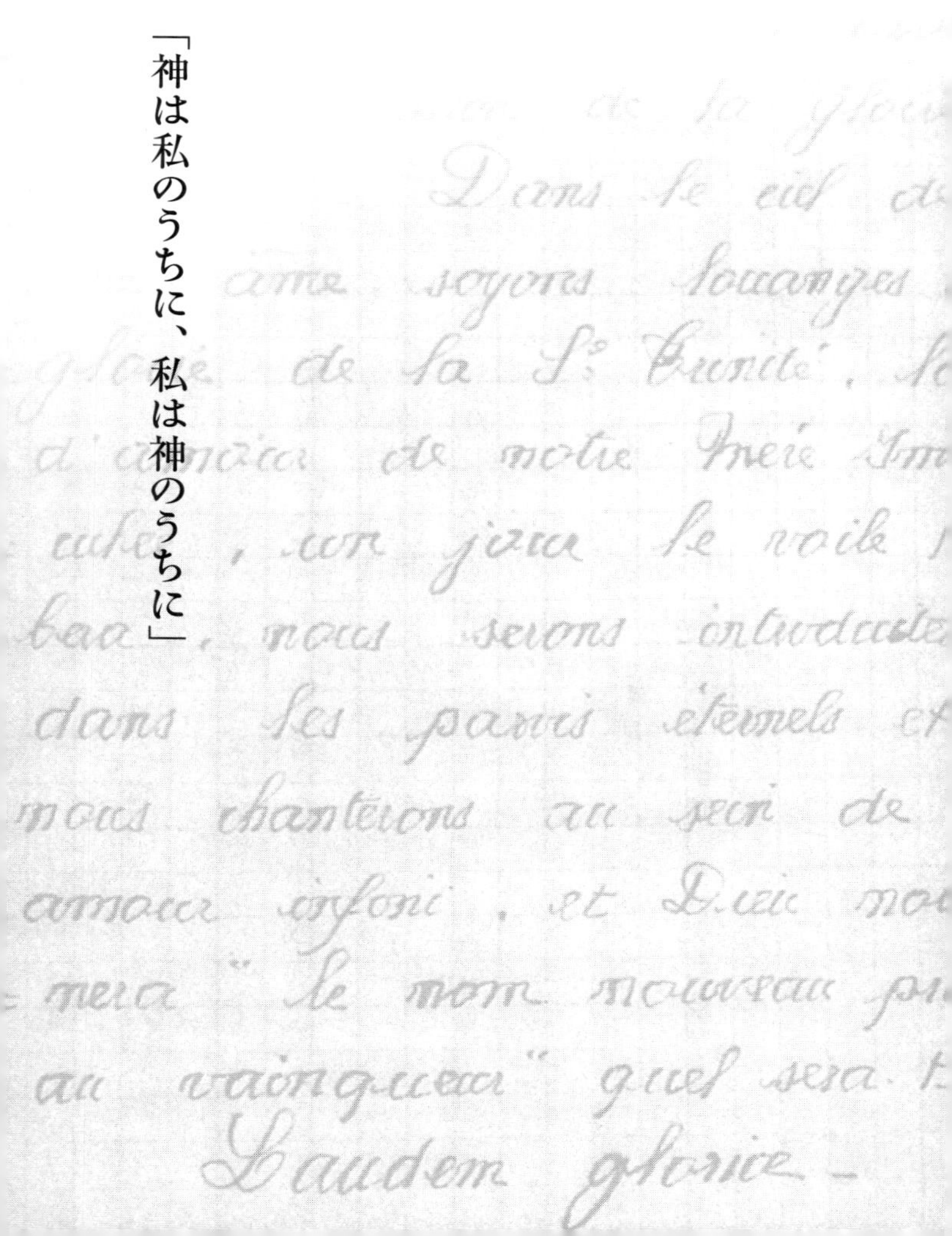

「私はもしかするとあまりにもカルメル入会を望みすぎるのかもしれない。もしそうならどうぞ静めてください」と祈りながらもエリザベットの心には、カルメルへの思いがなおつのってきた。しかし、今、神が望まれること、それはカルメルという特定の生活様式に入ることではない。それははっきりしていた。それならばこの時点でできることは、入会できないという苦しみをイエスとともに苦しむこと、ともにカルワリオに登ることなのだ。「神の時」を待ちながら、現実的なエリザベットは未来に逃避することなく今、ここで足を地につけて生活し続ける。

退屈な様子はなく

エリザベットのこのような内的苦しみとはうらはらに、家では世間的な祝いごとや集まりが催されていた。生来さっぱりした性格、それに加えてあふれるほど快活なエリザベットは、「退屈な様子を少しも見せず、よい印象を人々に与えていた」と周りの者が証言するほど外面的には人々と愉快に交わっていた。カテー夫人は、娘に召命を断念させようとまではしなかったが、それとなくこのような集いに出かけるよう仕向けていた。エリザベットの身のこなしは優雅で、服装といいヘアー・スタイルといい、非の打ちどころがなく、ダンス・パーティーでは常に人目をひいていた。

夏休みには以前と同じように長い旅行に出かけ、人々と親しく交わり、思いきり楽しんでいた。森や野原を行く群の常に先頭に立ち、美しい山々を前にしては恍惚となるエリザベット。勇ましい軍人の娘かと思うと、美しい贈り物の報告をするおしゃれなエリザベット。友達と心から親しくする人なつっこいエリザベット。

ルネヴィルで私たちは最高に楽しい生活をしています。こちらでお茶のごちそう。あちらでお食事の招待。それに大変親切な友達の家でのたびたびのテニスの試合。一分とひまがありません。七月十四日（フランス革命記念祭）のシャン・ド・マルでの観兵式にあずかりました。騎兵隊の突撃、陽の光に輝くたくさんの兜と鎧。あなたには想像できないでしょう。・・・おばあさまの旧友のド・ロック夫人からトルコ石の

入ったそれは美しい金の指輪をいただきました。（一八九七年七月十九日）

トルコ石の色は似合ったのだろうか。特に好きな色だったのだろうか。第二のママと呼ぶほどに親しくしていたド・ロスタン夫人からのエリザベット十八歳の誕生日祝いも「きれいな飾りのついたトルコ石の色のブラウス」だった。

ピレネーの女王という名に十分値するルションで、私は感激の絶頂に達してしまいました。景色は比べるものがないほどの美しさです。二日間をここで過ごし、リースの谷から登山しました。・・・おそろしい淵を眼下に、海抜一八〇〇メートルのところまで行きました。マドレーヌと私とはとてもこの景色が美しいと思い、ほとんどこの渓流に運び去られたいとさえ思いましたが、私たちのガイドは、やはり夢中になっているとは言っても同じ意見ではありませんでした。目がくらくらするようなことも一向になく、断崖の淵を飛び走っていた私たちより、彼はずっと用心深くしていました。（一八九八年八月）

熱心な使徒

このように寸刻をも惜しんで楽しんだ夏休みが終わってディジョンに戻ると、自分の教会のさまざまな活動に携わって人々への奉仕に尽くした。聖歌隊の指導、祝日のため聖歌の作曲、病人の見舞い――。エリザベットは小さい友達と遊ぶのが好きだったし、また遊ばせ方も上手であった。子どもたちに初聖体の準備や、煙草工場で働く労働者の子どもの世話（「タバコの聖母会」とエリザベットは名づけた）をした。

自分にできることを献身的に果たしていたエリザベットの熱心な使徒的活動は、心の底からあふれるひとつの祈り、願いに支えられていたのだった。

イエスさまのもとにたくさんの人々を連れ戻したいと心から願う。キリストがあのように愛された人たちのただ一人の贖いのためにでも何か役に立つなら、喜んで私の

一生をささげよう。ああ、キリストをこの地上の人々に知らせ、愛させたい。(一八九九年二月の日記)

私の心は人々の回心を望んで燃え上がる。この望みは寝ているときまでしつこくつきまとい、私を休ませようとしない。神よ、私の心のこの熱い望みを顧みてください。そして私に苦しみを送ってください。苦しみだけが生きていることを耐えさせてくれるのですから。(一八九九年三月の日記)

人々にキリストを愛させたい、というこのような熱い望みは、キリストと一致するために自分の意志を完全にキリストにささげたい、苦しみたいとの願いとは、表と裏のようにひとつになっていた。

今日私はイエスさまに、私の目立つ欠点についていくつかの犠牲をささげられてうれしかった。でもなんとつらかったこと。そこに自分の弱さを認める。・・・何か不当の評価を受けると、血が血管の中で沸き立つような思いがするほど、私のすべてが反抗する。でもイエスさまは私と一緒にいてくださった。心の底に主のみ声を聞いた

ので、主の愛のためにすべてを忍ぼうと決意できた。（一八九九年一月三十日の日記）
こうしてエリザベットは、毎夕、自分が完徳の道に本当に進んでいるかどうかを調べ、小さな手帳に勝利と敗北を記していた。
三日間朝食抜きでイエスさまに小さな犠牲をささげられたが、ついに母に見つかり叱られた。それで母に従うことによってイエスさまを喜ばせることにした。（一八八九年二月六日の日記）
・・・聖テレサは『完徳の道』で、念祷と内的抑制についてすばらしいことを述べている。神の助けによってぜひともそこまで到達したい。今は大きな苦行を果たすことができないが、せめて日々の一瞬一瞬自分の意志を葬ることはできる。（一八九九年二月二十日の日記）
イエズス会の司祭が若い人たちのために行う黙想会に、エリザベットはいつも規則正しく参加し、そのために熱心に準備していた。一八九九年の決心は「自分の意志に反することをする」ことであった。聖イグナチオの表現、「万事に自分を捨て、常に自分の意志に反することを行う」を自分の生活のプログラムにした。

聖母のとりつぎ

自分にきびしく、周囲の者たちにはできるかぎりのやさしさをもって奉仕している熱心な使徒エリザベットは、一見、カルメル入会の望みを忘れてしまったかの印象を与えた。しかし、彼女のうちでカルメルに呼ばれているとの確信は、片時も弱まることはなかった。ある日、ひたすら口に出すことを避けていた姉に代わって、妹のマルグリットが母親に話した。お告げの祝日の翌日二十六日の日記にエリザベットは記している。

「マリアさま、あなたは私の願いをかなえてくださいました。どうぞこれからも引き続き私の支えとなってください」

マルグリットが私の召し出しについてママに話した。私がもうそんなことを考えて

20歳のエリザベット

いないとママは思っていたらしい。・・・もちろん、ママから私にわざわざ話を切り出すことでもなかった。昼食後、かわいそうなママは私に話しかけ、私の考えが前と少しも変わってないと知って、「二十一歳になったら出て行くのを止めることはできない。それまであと二年しかない」と涙を流した。

エリザベットは最愛のイエスに従うために愛する母と妹を苦しめることに耐えなければならなかった。まさしく愛の板ばさみになり愛に苦しまなければならなかった。二月二日（主の奉献の祝日）の日記に彼女はすべてを聖母にゆだねて、懇願していた。

マリアさまの祝日のたびに、このよき母に奉献をくり返す。それで今日、私のすべてをゆだね、あらためて聖母の腕の

中に身を投げ出した。すべての信頼をこめて。私の将来、召し出しのことを頼んだ。イエスさまはまだ私を望まれない（カルメル会入会）。御旨がなりますように。世間にとどまっていても聖化されることを私は願う。世間が主のところに行こうとする私をさまたげませんように。地上の事柄に忙殺されたり、執着してしまいませんように……。（一八九九年二月二日の日記）

「二十一歳になったら入会を止めることはできない」と娘のカルメル入会を一応ゆるしたはずのカテー夫人の心が急に決断に向かうはずはなく、たびたび動揺し、結婚話をもち出してきた。「これはまったく予期していないことだった。でもこの魅惑的話にも私は何の関心も起こらない」とエリザベットは日記に記している。カテー夫人に相談された主任神父はこの結婚の利点を娘に示し、話さないで何も計画してはいけないとつけ加えた。

エリザベットは心の奥底で愛する方の声を聞く。

「私に従うためにお前はこの世のすべての幸福を断るか。私に従うと、苦しみと十字架を経てたくさんの苦痛に耐えることになる。私がそこに居てお前を支えないなら耐えることはできない。・・・私に従えば試練だけしかない。愛する者よ、しかしこの試練のうちにも喜びと楽しみをお前に味わわせる。お前のために選ばれた道はいちばん美しい。それをお前のためにとっておいたのは私の大きな深い愛からなのだ。・・・私を見捨てないでくれ。お前の心がほしい。お前を愛している。私のために選んだ、お前がまったく私のものとなる日を待っている」

私の愛、私の生命、愛する天の花婿よ。私にはこの苦しみの道を歩む決心ができています。・・・イエスさま、あなたに従い、あなたとともになら、私は強い。あなたをなぐさめるために私のような小さな貧しい者を選んでくださって感謝します。・・・私はまったくあなたのもの、ただ私を支えてください。あなたなしではどんな卑しいことでも、罪悪でもおかすかわかりません。

私にとってつらいことは、愛するママを深く悲しませること。ママはすばらしい。マリアさまの奇跡だ。私の心を左右しようとはなさらない。よく考えてみるように言

われたとき、「私の返事は八日待ったとしても今日と同じでしょう。でも、もしママが望むなら先方へ返事を待たせてもよいでしょう」と答えた。ママは本当に私のことをわかってくれる。「あなたが承諾してくれたら、私の心は安らいだでしょう。でも神がこのように望まれたのですから。御旨が行われますように」と私に言われた。

（一八九九年三月三十一日）

同じ日、自分のすべてを今一度十字架上のキリストにささげる詩を書いた。

イエスさま、十字架にかけられた愛、私のこの心を拒まないでください。

十字架のもとへ、今一度私はそう言いに来ました。

私の天の花婿、神なる救い主、この地上でのどんな一致もどんな幸福をも断念いたします。すっかりあなたのものとなるために。

もっと強くあなたを愛するために、あなたの愛に応えるために。

私を永遠にあなたにささげます。私の天の花婿、最愛の愛、あなただけが私のこの愛の深さをわかっておいでです。（一八九九年三月三十一日）

神は私のうちに、私は神のうちに

カテー夫人が最終的に娘エリザベットのカルメル入会を承諾してからは、それまで禁止されていたカルメルへの訪問が再び始められた。かごから放たれて自由の空気を味わう小鳥のように、エリザベットはカルメルへと軽やかに足を運び、志願者の一人となって定期的に院長を訪れるようになった。そのような訪問の際、エリザベットが手にしたのは一八九八年ごろ出回り始めた『ある霊魂の物語』であった。ちょうど一年半前リジューのカルメル会で二十四歳で聖性の香り高くこの世を去ったスール・テレーズに十九歳のエリザベットは、強く印象づけられ、心をひかれた。

待たなければならないあと二年間、それはいつまでも来そうもない果てしない時間のようにエリザベットには思われた。「時間の主《ぬし》である神」、その神の時を待つことは決して時間をむだに費やすことではない。まさにこの「待ち時間」こそ、いずれエリザベットが人々に証しすることになるひとつの生き方をより深く生きるように神が用意された貴重な時間なのであった。

人の子となられた神の子キリストは、エルサレムからほど近い小さなベタニアの村によく赴き、疲れた身体を休ませた。主の足もとでみ言葉に聞き入ったマリア。そのマリアのように、エリザベットは自分の「心の修室」を小さなベタニアとして主におささげし、人々から忘れられ、虐げられたキリスト、疲れ果てたキリストに休んでいただくことを願った。このようにして徐々にエリザベットは自分の名前「神の家」を生きるようになってゆく。

私は、まだ世間に別れを告げて、孤独の中にあなたと生きることができないのですから、主よ、少なくとも心の孤独だけでも私に授けてください。あなたとの親しい交わりに生きられるように、どんなものも絶対に私の気持ちをあなたからそらすことのないように。私の祈りが絶え間ない祈りでありますように。

あるにぎやかな夜会で、「エリザベット、あなたはここにいらっしゃらない。確かに神を見ているに違いない」と思わず言ってしまったほどにエリザベットのまなざしに心を打たれたと、後日一人の夫人が証言している。

この「絶え間ない祈り」「私のうちに住まわれる神」は、このころのエリザベットのメモ、日記、手紙にひんぱんに書きつけられ「未来のカルメリット」の理想となっている。「各自は昼も夜も主の掟を黙想し、かつ祈りのうちに目覚めて」いることがまさしくカルメルの会則が求めるところだからである。

私はまだ長いこと世間にとどまらなければならない。私をカルメリットにつくり上げてください。内側からカルメリットになることはできるし、そうなりたい。(一九〇〇年一月二十三日)

世間に居て世間に居ないかの如く生きることができますように。心はすでにカルメリットになり得るし、またそうありたい。ああ主よ、世間にとどまって生きなければならないこの期間を聖く生きることができますように。あなたとの一致、親しさの中に過ごすことができますように。・・・イエスさま、もうすでにあなたに私のすべて

をおささげしました。今日この奉献を新たにいたします。（一九九〇年一月二十七日）

活気と魅力に満ちたエリザベットの心の深みでは「絶え間ない祈り」を理想とするカルメリットが息づいていた。その両者がうまく統合されていたのも、それが「演技」ではなく本物であったからだろう。自分でも説明できない不思議な体験、自分の中に、心の奥深くに誰かが住んでいる。疑う余地のない、すべての現実的なものの中で最も現実的でありながら言語化できないこの体験について、ついにエリザベットはカルメル会修道院で会ったドミニコ会士、観想的神学者ヴァレー師に尋ねた。

「もちろんのこと、御父なる神は心の深奥におられます。そして御子も、聖霊もそこにおられます」

「あなたがたは神殿であり神の霊があなたがたに宿っていることを知らないのですか」（一コリント3・16）との聖パウロの言葉どおり、私たちキリスト者一人ひとりが洗礼の恵みによって、まことに神の住居、聖櫃となるのだという説明を聞いたエリザベットは、心をその現実に奪われ尽くした。ヴァレー師は後にそのときのことを、「まるで波が引くように彼女が行ってしまうのを見た」と語った。一方エリザベットはのちに院長に「神父さまが早く黙ってくだされればよいと思いました」と打ち明けている。もはや人間が抵抗できない深い潜心がエリザベットをとらえていたのである。

カルメル会の改革者聖テレサは語っている。「念祷中、自分の中に神の現存を体験したことを、ドミニコ会の神学者（サラマンカ大学のバニェス教授）が、教義面から確認されたとき、真理のみが与える安心と大きななぐさめをもたらしました」

ヴァレー師から同じように「真理のみが与える安心と大きななぐさめ」をもたらされたエリザベットも、実はすでにこの「神の現存」の最初の神秘的体験の恵みを聖テレサの著作を読んで自覚していた。

私は今、聖テレサの『完徳の道』を読んでいる。非常に私の興味をそそり、また大変ためになる。・・・聖女が観想、すなわち神がすべてをなさり、私たちは何もしないでいる念祷の状態、神が私たちの心を非常に緊密にご自身に一致させ、もはや私たちが生きているのではなく、神のみが私たちのうちに生きておられるという状態を語

られるとき、私はそこに、この黙想会中、またその後にも主がしばしば上げてくださる崇高な神秘的体験を認めることができた。（一八九九年二月二十日）

エリザベットは、カルメル入会後の名前に「イエスのエリザベット」を望んだが、イエスのマリー修院長は、ディジョン市に近いボンヌのカルメル会の聖なる修道者の名前、「三位一体のエリザベット」の名を与えた。このときからエリザベットは「神の家」だけでなく、「三位一体のエリザベット」の名前の神秘にますます引き込まれてゆく。

最後の夏休み

いつものように、エリザベットは喜々として三カ月の休暇を楽しんだ。その夏が彼女の世間での最後の夏であることを誰が想像できたであろうか。

初めの一カ月はタルブの友達のところ、今は田舎のいとこのところに滞在して、家

庭的な生活を楽しんでいます。ここの生活は人々とのお付き合いのない静かな生活ですが、私もあなたと同じように田舎が大好きです。退屈に感じるときがありません。・・・ここに着く前まだ見たことのない大西洋を見ようとビアリッツで一日過ごしました。まあなんと美しいのでしょう。この壮観さは言葉では言い表せません。果てしなく続く水平線が大好きです。ママとマルグリットは見入ってしまった私をひき戻すことができませんでした。二人はこんな私に困ったようです。（一九〇〇年八月十二日）

私たちは、たっぷり一週間シャトー・シェネルに滞在しました。十一年来会っていない親しい友人が心から私たちを迎え入れてくれました。その方のお城《シャトー》は十三世紀に建てられたすばらしい建築です。立派な堀に囲まれ、広大な庭のあるお城です。ここで同じ年ごろの気どらないかわいらしい、魅力的な女の子と知り合いになりました。（一九〇〇年九月二十八日）

この女の子は、マニタン・オーブルタン（後のシィルロンジュ夫人）でそれから半世紀後、当時のエリザベットを次のように回想した。

「エリザベットはとても気持ちのよい人で、まれにみるピアニストの才能をもっていました。音楽の深い感覚から自分が感じたものをどう表現するかよく知っていました。非常に活発で魅力的な人でした。私たちの年ごろの遊びには元気いっぱい参加していました。エリザベットと過ごした数日間は、長い年月の後にも大変はっきりと覚えています。あまりにも人の心を引きつけるので彼女のことを忘れることはできません」

この夏休みの終わり、ディジョンに戻る前、二日ほど華やかなパリの友人宅で過ごした。殉教者の丘モンマルトル、リジューのテレーズが聖母の恵みを確認した「勝利の聖母」の教会、そしてちょうどその年に行われた万国博覧会を二度も見に行った。「とても立派なものでした。でもあの騒音と大勢の人の群はきらいです」と言う。妹が彼女を「コンゴーから帰って来た人」というほどにすべてに興味を示した。

シィルロンジェ夫人が証言しているように確かにエリザベットは人並み以上に活気

と魅力に満ちた人柄であった。そして修道院の門をくぐるまでおしゃれであり続けたようである。二十一歳のパーティーのために、新しい手袋を買ったのをカテー夫人のいとこがからかった。「エリザベット、カルメル会に入るというのにそんなおしゃれでどうするの？」「あら、アビラの聖テレサもカルメル入会前、おしゃれだったのですって。私は、すべてのことにおいて母なる聖テレサにあやかりたいと思っているのよ、おしゃれまでも」

別れの苦しみのうちに

しかし、一方で彼女のやさしい心は母親との別離の悲しみに苦しんでいた。初めて自分の召し出しの秘密を打ち明け、それ以後もその実現に力となったアングル神父に語った。

私の二十一歳誕生日が近づくにつれてかわいそうなママは悲嘆にくれています。

そのような母を見るのはどんなに深い苦しみなのか、おわかりいただけると思います。・・・母は非常に気が変わりやすく、今日こう言ったかと思うと明日は反対と言った具合です。死者の日（十一月二日）にはまったく心を開いていたようで、夏には私が入会してよいとさえ言いました。

とにかく、天国のパパがママに何かささやいてくださるように心から祈りました。するとニ日後、ママの考えはまったく変わってしまいました。主任神父さま（カテー夫人とエリザベットの聴罪司祭）はママがもう少し待つようにと言っても絶対同意しないように、何もママと約束しないようにと私に忠告してくださいました。どうぞ私のために祈ってください。愛する者を苦しませるのは、つらいことです。もし主が私を支えてくださらないなら、いったいどうなってしまうかと思います。でも主は私と一緒におられ、主と一緒でしたら私たちはなんでもできます。自分を主の中に消すということは、なんとすばらしいことでしょう。そのとき私たちのうちで実際に行動するのは主であり、主がすべてであると感じます。そして私はこの愛する神的な方に身をまかせ、ゆだねます。自分が信頼しているのはどのような方か知っていますので心は安らいでいます。・・・イエスさまのためにのみ、いつも主の聖なる現存のうちに、心の深みまで見とおす神秘的まなざしのもとに行動するとき、何も私たちを主からそらすものはあり得ないように思われます。世間のただ中でさえ、イエスさま以外何も求めない心の沈黙の深みで、主に聞き入ることができます。（一九〇〇年十二月一日）

・・・心が神にとらえられているとき、誰が気を散らせることができるでしょうか。騒音も表面にはとどきますが、心の深みには神のみ。では一切のものから離脱して私たちを空にしましょう。神のみ存在するというように。もはや私たちが生きているのではなく、キリストが私たちのうちに生きているというように。十字架のもとにとどまるとき、造られたものの虚しさは、神への限りない渇きとなって感じられます。・・・神は泉です。ですから愛する方のそば近くに、渇きを潤しにいきましょう。神のみが私たちの心を十分に満たしてくださいます。（一九〇一年四月）

神は私のうちに、私は神のうちに。これが私たちのモットーでありますように、私たちの心の奥深く、心の聖所に神が住まわれるというのはなんとすばらしいことでしょう。感覚ではとらえられなくても、いつも必ずそこに居られます。おそらく思ったよりずっと近くに神は居られるのでしょう。心の深みに神を探しに行くのが大好きです。そこで神を絶対に孤独にさせないようにいたしましょう。私たちの一生が絶え間ないひとつの祈りでありますように。（一九〇一年四月十八日）

私の二十一歳の誕生パーティーに出かけますが、私の心を愛する方から引き離せる者はいません。きっと主は私がそこに行くことを喜んでいらっしゃるでしょう。あわれな主の花嫁に近づく人々が主の存在を感じ、主のことを考えずにはいられないようになるまでに、私のうちに主が現存されますようにどうぞ願ってください。（一九〇一年五月十六日）

カテー家では、エリザベットの二十一歳の誕生日を目ざして「時間が流れて」いった。結婚を待つ婚約者たちが味わうあのバラ色の時期とはほど遠い灰色、否、暗黒の闇をエリザベットは通り抜けなければならなかった。

喜びまたは悲しみ、健康または病気、なぐさめまたは十字架を私たちに差し出されるのは、いつも主ではないでしょうか。それなら苦しみを送ってくださる主のその愛に満ちた御旨を大切にしましょう。どうぞ私のためによく祈ってください。今はベールではなく、厚い壁が私から主を覆い隠しています。あんなにもそば近くに主を感じていただけに、非常につらく感じられます。でも私の愛する方が私をこのような状態にとどまらせようとなさるかぎり、そこにとどまる覚悟はあります。主は前と同じように私の心の深みにおられることを私は信じています。なぐさめは何の役にも立ちません。それは主ではないのですから。私たちが探すのは主のみです。ですから純粋な信仰によって主へと向かいましょう。今ほど自分のみじめさを感じ、また見せつけられたことはありません。でもこのみじめさは私を打ち倒しはしません。むしろそれを主の方に向かう力としています。（一九〇一年五月八日）

神さまはなんといつくしみ深くすばらしい方なのでしょう。身をゆだね、御旨に心を託すことはなんと快いことでしょう。神さまが望まれるとき、すべての障害、困難は取り払われます。私のことは主にまかせ、愛するママには主がご自分で私のことを話してくださるように願いました。すると、どうでしょう。私が何も言わないうちに神さまはすべてをよくとりはからってくださいました。かわいそうなママ。神さまがなさるままにまかせていらっしゃる。神さまが私を望んでおられるので、二カ月後には、私をカルメルに入会させる以外ないとわかっているのです。私があまりにも待ちこがれている日、待ちに待つこの入会の日、それは夢のようです。でも苦しみが何もないとは思わないでください。別離を思うたびにその心の痛みを神さまにささげています。（一九〇一年五月十九日）

母は絶望的なときを過ごしていますが、もう私をとどまらせようとはしません。こんなに母を苦しませるのはつらいことで、神さまのためでなければできません。主だけが私を支えてくださいます。あなたのやさしい心はきっとこの胸の張り裂けるような痛みをわかってくださるでしょう。（一九〇一年六月二十一日アングル神父の姪宛）

カルメル入会が目前にせまるにつれて、分厚い壁にさえぎられた闇のうちにいるような心の試練、承諾して苦しむ母と妹との別離の痛みに加えてさらに身体的試練が与えられた。長時間ひざまずいての祈りのためか、六月に膝の関節に水がたまってしまった。

足をながながと出してこの手紙を書いています。膝がすごく痛み苦しんでいます。お医者さまに絶対安静を命じられ、特にひざまずくことは固く禁じられてしまいました。

「教会にも行かれませんし、聖体拝領もできません」と嘆くエリザベットは「この時」にこそ、自分の名前の神秘をより深く生きることを学んだ。

私のところにいらっしゃるのに主は秘跡を必要となさいません。秘跡を受けると同じくらいに主を所有していると思います。神の現存とはなんとすばらしいのでしょう。私の天国、心の深みで主とお会いするのが大好きです。主はそこを決して離れられませんから。「神は私のうちに、私は神のうちに」――これこそ私のいのち、私の生活。天国の人たちと同じようにすでに神を所有できるとはすばらしいとお思いになりませ

んか。（一九〇一年六月十四日）

思うように動きまわることのできないこの不運を嘆くことなく、自分が神へとさらに向かっていく足台とした。そしてかねてから好んでしていた刺しゅうや縫物に取り組み、友達や妹マルグリットの洋服づくりに精を出した。

「バラ色の布地でマルグリットに洋服をつくったところです。とても軽い布地なので南仏で着るのに好都合だと思います。どこかで見た〝襟なしのワンピース〟で私なりにつくり上げたものですが」と六月の末に友人に書くエリザベットは、足の病気、別離の苦しみにうちにも自分の殻の中に閉じもることなく、自分の入会後も例年のように夏休みを南仏で過ごす妹のことを思いやるやさしさをもっていた。

確かに彼女は非常にやさしい心をもっていた。自分でもそれを自覚して、「神さまは私に大変やさしい、忠実な心をくださいましたので、私が愛するとき、私は心からその人を愛してしまいます」と友人にもらしている。「存在そのものである」方にすべてをささげることを渇望するエリザベットではあるが、「石の心」の人ではない。

真の霊、愛の霊に動かされている人である。

私はまったく体調をこわしてしまいました。今朝ミサにも行っていません。洗面器を枕元にかかえて昨夜一晩過ごしました。他の人たちを苦しませることは、とても苦しい。心痛むことです。（一九〇一年七月二日）

心の傷の痛みをどんなに感じても、軍人の娘であるエリザベットが敗退するようなことはなかった。

「キリストの兵士は、自分のうちに主が置いてくださった力の前には、敵はまるで無力であることを承知しているので、戦いから戻るときはいつも必ず勝利者、そして大きな利益をもって帰り、決して敵に背《うしろ》を見せません」と『完徳の道』で語る聖テレサの娘たるにふさわしく、エリザベットはこの傷のうずきを新たな生命の発芽の場としてゆく。兄弟姉妹を心から愛さないで、見えない神を愛することはできない。彼女の心は、この神への愛の垂直線と人々への愛の水平線の交差点上に釘づけにされ、そこでキリストの傷の痛みに一致していた。

「私の心から血がしたたっています。私の身体は打ち砕かれています」

ディジョンのカルメル会は、一八九一年六月二十九日にパレ・ル・モニアルに新しい修道院を創立した。エリザベットの初聖体の日に彼女の名前の神秘を告げたイエスのマリー院長は、エリザベットの価値を認め、この新しい創立修道院への入会を決めていた。しかし、カテー夫人の悲しみを考慮したマリー修院長は、八月二日ディジョンのカルメル会に入会させると知らせてきた。いよいよ翌朝に入会となったとき、エリザベットは妹マルグリットを次のようになぐさめた。

イエスさまがあなたをなぐさめてくださいますように。あなたの涙をぬぐいさり、苦しみ、愛することをあなたに教えてくださいますように。私にたくさんの恵みをくださったそのキリストの十字架のもとで再び会う約束をしましょう。そこにはもはや別離はなく、私のかわいいマルグリットはいつもキリストのエリザベットと出会うでしょう。（一九〇一年八月一日）

別離の痛みに自分自身苦しみながら、周りの人たちに神のうちにいつも出会うことを約束する。その約束をすでに果たそうとするかのように、ますます神の現存の実践に彼女は前進していった。カルメルにおいて「まったくイエスのもの」になる。その希望が彼女を静かな平安の中に置いていた。

いよいよ八月二日の朝、それはちょうど救い主のご苦難と贖いの神秘にささげられた初金曜日であった。再び戻ることのない家を立ち去る前に、エリザベットは六歳のとき自分の腕の中で息を引きとった父の写真の前にひざまずいて、最後の祝福を願った。それから母と妹、数人の親友と一緒に修道院の八時のミサにあずかった。聖体拝領後、「イエスさまがまだいらっしゃる間に」エリザベットは、涙ながらに付き添う母親とともに修道院の門に立った。その禁域の門の向こう側では、副院長イエスのジェルメンヌはじめ姉妹方がやさしく志願者エリザベットを迎え入れようとしていた。「私はまったくイエスさまのもので、自分のために残しておくものはなく、無一物であると思っています。それで小さな子どものように、主の腕の中にとび込みます」

早朝、世間との別れを間近に自分の最後の気持ちをアングル神父に手紙で知らせていたように、「小さな子ども」の委託・信頼・単純さをもって彼女はカルメルでの新しい生活へと入っていった。

三　キリストの人性の延長となるまでに

待ちこがれていたカルメル～カルメル入会より誓願式まで～

黒い服を着たエリザベット

外部の者が決して入ることのない禁域の門の内側へ、新しい家族の一員として迎え入れられたエリザベットは、すぐに志願者の服を身につけ、カルメルの生活の仲間入りをした。志願者エリザベットの写真が一枚だけ残っている。座っているイエスのジエルメンヌ副院長の膝には、一冊の本『ある霊魂の物語』が開かれている。そのかたわらに真っ黒の服とベールをつけたエリザベットがひざまずき、他の四人の修道女がその二人をとりまくように立って写っている。この写真は、エリザベット入会三日後のもので、リジューのカルメル会修道院のスール・ジュヌヴィエーヴ（テレーズの姉セリーヌ）に送られた。それには、「七歳のときからカルメルを熱望していた〝三日間の志願者〟、すでに聖人となるのに必要なすばらしい素質を備えている三位一体のエリザベット」との紹介が書き添えられている。

入会後一週間ほどしたある日、修練所の休憩時間中、遊び半分にエリザベットに質問が手渡された。

徳についてのあなたの理想は？

——**愛によって生きること。**

そこに達するためにもっとも速やかな手段は？

——**自分をまったく小さくし、惜しみなくささげ尽くすこと。**

あなたのいちばん好きな聖人は？

——**主の胸に憩う愛弟子。**

あなたは会則のどの点が好きですか？

——**沈黙。**

あなたの性格の中で主な特徴はなんですか？

――**感じやすいこと。**

あなたのいちばん好きな徳は？

――**純潔、「心のきよい者は福《さいわい》である。彼らは神を見るであろう」**

あなたのいちばんきらいな欠点は？

――**まず、利己主義。**

念祷《ねんとう》を定義してみてください。

――**本来無である者と、「存在そのものである方」との一致。**

何の本が好きですか？

――**キリストの魂、私に天の御父のすべての秘密を打ち明けてくださいます。**

天国を熱望しますか？

――**時々、天国のノスタルジーにかかります。けれども至福直観をのぞいては、私はすでに私の心の深みにもっております。**

臨終のときに、どういう心持ちをもっていたいと思いますか？

——**愛しながら、そして私の愛する方の腕に抱かれて死にたいと思います。**

どういう殉教がいちばん好きですか？

——**どれもみんな好きです。特に愛による殉教。**

天国でどんな名前を望みますか？

——**「神の御旨」**

あなたの標語はなんですか？

——**神は私のうちに、私は神のうちに。**

遊び半分に出された質問とはいえ、その答えには一貫性があり、エリザベットの生涯のプログラムが、すでにはっきりと表れているのがわかる。

水の中の魚のように

真っ黒の服を着た志願者エリザベットは、水の中の魚のようにカルメルでの新しい生活に自分の居場所を見いだした。友人、家族の者たちに新しい生活について語る手紙には、決して生まじめな堅苦しさがない。快活なエリザベットの自由な、喜びにあふれた姿がそこに表れている。

この間の夜、ご存じの恐怖にとりつかれました。ママだって私ほどには勇敢にはできなかったでしょう。八時にランプをもって修室に上りました。普通ランプをつけているときは窓を閉めることにしているのですが、ほんの少しの間なので開け放しておいたところ、突然頭上に何か居る感じがしたのです。何かって、他でもありません。私の大きらいなこうもりが修室の中で羽をのばしていたのです。叫び声をあげなかったのは神の恵みとしか思えません。隣りの副院長さまの修室をノックしたかったのですが、急いでとび出した修室に勇気を出して戻りランプを消したら、こうもり君は飛び去っていきました。（一九〇一年九月十二日）

先日訪ねてくださったクレアは私の血色のよいに驚いていました。副院長さまは私の頬は弾力があると言われます。毎日ふくらんでいくのですから。ママも私のようになさったらよいのに。よく食べ、よく眠るのはよいカルメリットになる条件なのだそうです。この点に関して私にこれ以上望みようがありません。眠気を少し減らしてくださるように祈らなければならないほどです。実は朝課のとき、恥をかきました。聖務中半分眠っていたようで、副院長さまは私の頭と「教会の祈り」が反対の方向にいってているのをごらんになって、私に眠るようにと合図なさいました。そうしたらどうでしょう途端に目が覚めてしまいました。他の人の励ましになりますね。（一九〇一年九月十七日）

深まる心の絆

水の中の魚のようにありのままの自分でいることのできる場を見いだし、幸福に浸るエリザベット。それは日ごとにさらに深く味わう幸福であり、「神だけがご存じの幸福」であった。しかし、「心から血がしたたり・・・身体は打ち砕かれる」ほどに別離の苦しみを味わったエリザベットが、どうしてこのような幸福に浸れるのか。エリザベットを「小さなママ」と呼んで慕っていた友人の十四歳の妹に宛てた手紙がある。

このすばらしい孤独に入るために、愛するものたちを置き去りにした私がどうして幸福でいられるのかときっとお思いになるでしょう。でも、わかってくださるでしょう。神のうちに私はすべてを所有しているので、置き去りにしてきた人たちを、今、主のかたわらに再び見いだしています。

カルメルの孤独の中で、愛するもの、そしてすべての人々と神のうちに出会うというその確信は、日々エリザベットのうちに深まっていった。神のうちに愛し合うとき、そのものとの絆は、神と親しくなる度合いに応じて深まってゆく。

悲しみや心配事があるとき、すべてを知り尽くし、よくわかっていてくださる主、あなたのうちに住まわれる客人《まろうど》に話しかけてください。小さなホスチアの中のように、あなたのうちにも主がおいでになることを思い出してください。主がご自分のマルグリットをどんなに愛しておいでになるか主に代わって言いましょう。あなたのうちに住まわれ、あなたの愛に渇いておられる主のことを日中、時々考えてください。その主のそば近くで私たちはいつも会うことができるのです。・・・過ぎ去る一切のものを超えて愛し合うとき、もはや何ものも私たちを分け隔てることはできないでしょう。マルグリット、私たちもこのように愛し合いましょう。でも特に主を愛しましょう。

黙想についてはたくさんの本を読んだり、つめこもうとしないように。そのほうがずっとうまくゆくことがわかるでしょう。十字架をとり、眺め、心の耳を澄ませてください。そこがまさに私たち二人の出会いの場です。忙しくていろいろな信心業ができなくても心配しないでください。仕事をしながらでも神に祈ることはできます。ただ主に話しかけさえすればよいのです。すると、すべてはなごやかにやさしくなります。なぜって働くのは自分一人ではなく、そこにはイエスさまがおいでになるのですから。（一九〇一年九月十二日）

どこにでも神を見いだして

「私のために主に感謝してください」とエリザベットはたびたび人々に頼んだ。自分の今の幸福が母、妹をはじめ、周りの人々の犠牲の上にあることを知っているので、彼らへの感謝も忘れてはいなかった。幸福と感謝はそれゆえ日々並行して深まっていった。そしてその底を流れているものは、この生活のあらゆるところで神を見いだしているという実感であった。

私は一日も神父さまのためにお祈りしない日はありません。キリストの魂の中に秘

められているすべての宝は自分のものであると思いますので、とても宝もちに感じます。本当に喜んで私は愛する方々や私に親切であった方々のためにこの泉へ水を汲みに行きます。

神さまはどこにでもいらっしゃいます。彼を眺め、彼を呼吸しています。私がここでどんなに幸福かわかっていただけるといいのですが。私の地平線は日々広がってゆきます。（一九〇一年八月三十日）

別離の前に、妹のためにワンピースをつくってあげる心やさしさと器用さを備えていたエリザベット。とはいえピアノを弾いていたその手は決して手仕事に向いているとは言い難かった。しかし「ここでは仕事に不足することは絶対ありません」というほどに種々の仕事につかなければならなかった。仕事のうちにも水の中の魚のように満足して、そこを自分の場とし、「ずっとここに居た」かのように彼女は志願者の日々を過ごしていった。

この志願者をあたたかく迎え入れた二十四人の中から新たに五人の修道女がパレ・

ド・モニアルの新しい創立修道院に赴くときが来た。イエスのマリー院長はすでに六人の姉妹たちを連れて、第二グループが到着するのを待っていた。イエスのマリー院長ほか十名の修道女全員がパレ・ド・モニアルに出発した後、十月九日にディジョンのカルメルで選挙が行われた。院長にはエリザベット入会後やさしい母親のように世話をしてくれたイエスのジェルメンヌ副院長、そして副院長にはエリザベットの「天使」三位一体のスール・マリーが選出された。院長三十一歳、副院長二十六歳、二人ともまだ若いディジョン出身者である。この選挙の結果はエリザベットにあまり影響はなかった。というのは、院長が修練長役を兼任するので、引き続きジェルメンヌ院長がエリザベットの修練にあたることになったからである。

聖母の服をまとって

入会後四カ月がたった。待ちに待った着衣のよき知らせをエリザベットは、七歳のとき初めて召し出しを耳打ちしたアングル神父にまず書き送り、祈りを願った。

無原罪の美しい祝日八日に、マリアさまは私に尊いカルメルの服を着せてくださいます。それですばらしい婚約の日に備えるためにこれから三日間の黙想に入ります。考えただけでもうこの地上には居ないように思われます。この小さなカルメリットがまったく自らをゆだね、ささげ尽くし、主の御心を喜ばせることができますよう、どうぞお祈りください。キリストをとても愛していますので、日曜日にはぜひすばらしいものをさしあげたいと思います。（一九〇一年十二月一日）

着衣時、純白の花嫁衣装に身を包んだ21歳のエリザベット

無原罪のマリアの祝日、十二月八日はその年ちょうど日曜日にあたった。三位一体の神秘に深く魅せられているエリザベットにとって、汚れなき聖母

が、自分を聖三位の栄光に、賛美のホスチアとしてささげられることは、周囲のことをすべて忘れさせてしまうほどの喜びであった。

残されている着衣の五枚の写真はどれも多少ボケてしまっているものの、純白のサテンの花嫁衣装に身を包んだエリザベットの美しく気品のある姿を写し出している。その大きなひとみ、何かを見すえているような鋭いまなざしだけが、この世の者を夫とする花嫁ではなく、十字架上の死さえ受け入れるまでに愛されたキリストの大いなる愛に、自分も何ものをも辞さない決意で応えようとする彼女の心を物語っている。

大いなる愛の神に、すべてをささげ尽くそうとしたこの寛大な志願者に、神は豊かに報われた。「恵みの重みに耐えかねるほど」と感じた彼女は、聖母マリアの服を着てからますますカルメルの沈黙と孤独の中に入ってゆく——本来「無であるもの」が「存在そのものである方」と出会うために。それはメランコリックな沈黙と孤独ではない。この若い情熱的な、そして現実的な修練女《ノヴィス》は、まっすぐに本質的なものに立ち向かう。「独りである神とともにひとり」「神は私のうちに、私は神のうちに」「愛し、祈ること」は決して現実の生活からの逃避ではない。むしろ平凡な日常生活の一瞬一瞬のうちに、自分のするべきことを、心の深みに住まわれる愛する方とともに、そのみ声に聞き入りながら果たしていくことであり、絶えず自分を愛するものにささげていく現実的実践が要求される。

そうです。私は神を見いだしました――私が愛している方、誰も私から奪うことのできない私のかけがえのない方。主はなんとよい、すばらしい方なのでしょう。神のうちにより深く浸るためにただ黙し、主を拝していたい。そうしたら私は豊かに満たされ、神の賜物を知らないかわいそうな人々に祈りによって分かち合うことができるでしょう。（一九〇二年三月二日）

神と友のように生きましょう。すべてをとおして彼と一致するために私たちの信仰を生き生きさせましょう。これがまさに人を聖人にするのです。私たちは自らのうちに天国を所有しています。至福直観によって与えられる神ご自身が信仰と秘義のうちに私たちに自らを与えてくださるのですから。この地上で私の天国を見つけたと思い

ます。天国、それは神であり、神は私のうちに居られますから。このことを悟ったとき以来、私のうちにすべては光り輝いてまいりました。それでこの秘密を私は人々に伝えたいのです。（一九〇二年六月十五日）

カルメリットは、十字架に磔《はりつけ》られた方を眺めるとき、人々のためにキリストがご自身を御父におささげになったのを見る者です。キリストの愛のこの大きな示現の下に潜心しながら、キリストの愛の熱情を悟り、自分も主のように自分自身を与えようとする者です。カルメル山上に、沈黙と孤独と、万事を通じて続けられるために決して終わることのない念祷の中に、カルメリットはすでに天国におけるように、〝神のみ〟で生きているのです。いつか彼女の至福となり、光栄の中に彼女を満たしてくださる方が、すでにご自身を彼女にお与えになります。主は彼女を離れることがなく、その魂の中にお住みになっています。そればかりでなく、二人は一人となっています。ですから、常に神のみ声に聞き入り、常により深く神の無限の存在の中に入り込むために、カルメリットは沈黙に渇いており、愛する方とまったくひとつになっています。

いたるところでその方を見いだし、一切のものを通じてその方が輝き出るのを見るのです。（一九〇二年八月七日）

カルメルの生活のすべては、主キリストにおいて生きること。そうすればすべての犠牲、すべての奉献は神的なものとなります。私たちの心はすべてを通じて愛する方を見、すべては私たちを愛する方へと導きます。それは心から心への絶え間ない交わりです。念祷はカルメルの生活の本質です。（一九〇二年九月十四日）

着衣式までの四カ月は明るい音楽のように過ぎていったが、それからの一年はエリザベットにとってかなりつらい苦しい時期となった。

「悪魔はその霊魂の幸いを見、そのうちにあるいろいろの宝を見いだし、悪意に満ちた嫉妬心を起こし、不義の限りを尽くす。そして霊魂を悩ませ、楽しんでいる善を少しでも奪い取ろうとしてあらゆる悪計をめぐらす。このろわれた霊にとっては、他の多数の魂を重大な罪悪の淵に陥れるよりも、そのような状態に達した霊魂から、その光栄の幾分かをかすめとり、その幸福や霊的富を奪い取るほうが、はるかに好ましく思われるのである」（『霊の賛歌』第七章）との十字架の聖ヨハネの説明がそのまま当てはまるようであった。

すべてを神にゆだねて～誓願式より三位一体の祈りまで～

闇をとおって

カルメル入会後八日目に、自分の標語として、「神は私のうちに、私は神のうちに」をかかげ、信仰のうちにさらに深く生きていく中で、彼女は二度目の小心（初聖体の準備の要理で習った規則に細部にいたるまで忠実であろうと努めた結果、十三歳のころ初めて小心に陥った）にみまわれた。

私はまだ若いのですが、時々ずいぶん苦しんだと思います。すべてが混乱していたとき、現在が非常につらく、未来はなお暗く思われたとき、私は目を閉じ、天におられる御父の腕の中に居る子どものように自分をゆだねました。・・・シエナの聖カタリナに「私を思いなさい。私はあなたを思う」と主は言われました。私たちはあまりにも自分ばかり見つめすぎます。見たい、理解したいとは思っても愛で包んでくださる方には十分な信頼を置きません。十字架の前に立ち止まり、それだけを見つめていてはいけません。むしろ信仰の光の下に潜心し、さらに高みへとのぼる必要がありま す。十字架は神の愛に従う道具でしかないことに心をとめるべきです。(一九〇二年七月二十五日)

「天国は神であり、神は私のうちに住まわれる。それでこの地上で天国を見つけた」と悟ったとき以来、「すべては私のうちに光り輝いています」、「主はなんとよい、すばらしい方なのでしょう。神のうちにより深く浸るためにただ黙し、主を拝したい」と語る。このとき、あの着衣式ごろのタボル山上の甘味を味わっていたのではない。「恵みの重みに耐えかねて」いたエリザベットから神は突如として手を引かれ、闇の深みに陥ってすでに数カ月はたっていた。この闇の深みにおいてこそ、「信仰を生き生きさせる」ことを彼女は学んでいった。またこのときにこそ自分のみじめさ、小ささを痛いほど体験したのである。信仰と謙遜の礎をしっかり固め、自らの体験をもとに人々を神との親しさに誘ってゆく、「それは洗礼を受けたすべての人々に神から与えられています」と断言するまでに。「経験の乏しい者は、わずかなことしか知らない」（シラ書34・10）

一九〇三年一月十一日、ご公現の祝日に予定された誓願式の前日には、特別にベルニュ師が呼ばれエリザベットの誓願について検討しなければならないほどであった。十日付の副院長宛てのエリザベットのメモには次のように記されている。

このような心の状態で誓願を私にたてさせることを懸念しておられる院長さまに今お会いしてきました。不安に陥っているこの小さな者のためにお祈りください。

副院長は「三位一体のエリザベットの誓願の前日、晩課のために歌隊所に入ると腰かけのところに『絶望的』という言葉を私は見つけました」と後日証言している。疑いの闇にのまれそうになったエリザベットは、ベルニュ師をとおして神の御旨に信仰をもってゆだね、ついに一月十一日終生誓願をたてるに至った。当時誓願には有期誓願がなく初誓願はすでに終生誓願であった。カルメルでは、その終生誓願も三年間は修練院《ノヴィシア》に残って生活することになっていた。

不安の闇に包まれて終生誓願をたてた三位一体のエリザベットには平安の静けさが戻ってきた。それはどんな嵐にみまわれようと、心を単純に長上に開き、従順によってすべてを神にゆだねた者のみが授かることのできる、静かな平安と幸福であった。誓願後一カ月ほどしてからの手紙で彼女は言う。

誓願のとき、〝私の心に刻まれた印のように〟院長さまが私にくださった十字架上のキリストを眺めました。「ついに彼はすっかり私のもの、私はすっかり彼のもの、私にとってはすべて、彼のみ、彼がすべて」と言えたときのあの心の喜びを誰も察することはできないでしょう。今の私には一つの望みしかありません。キリストを愛し、いつもいつも愛し、真の花嫁として主の名誉だけを考えること。(一九〇三年二月十五日)

この誓願の十字架は、二十二・五×十一・五センチの木の十字架でその下には誓願の日づけ、一九〇三年一月十一日と記されている。十字架の裏側は、横棒にディジョンのカルメルのならわしとして、「わたしはキリストを愛す」、縦棒にエリザベットの選んだ「生きているのは、もはやわたしではありません。キリストがわたしの内に生きておられるのです」（ガラテヤ2・20）のパウロの言葉がラテン語で刻まれている。この聖句にエリザベットはこれ以後さらに真剣に取り組んでいく。「母聖テレサのように愛によって死ぬまで主を愛したい」これこそエリザベットの野望であった。そしてその野望は、日々の単調な生活の中でカルメルの会憲を生きることによって達成されるのであることを心得ていた。

「来たれ、キリストの花嫁」の聖歌のうちに教会は私を奉献し、すべては〝成し遂げられ〟ました。いいえ、すべては始まったと言うべきかもしれません。誓願はほんのあけぼのでしかなく、私の花嫁としての生活は日々美しく、輝かしく、平安と愛に包まれたものに思われてきます。あのすばらしい日の前夜、天の花婿をお待ちして歌隊所で祈っていたとき、この地上ですでに私の天国は始まったことがわかりました

——信仰のうちに、愛する方のために自己奉献と苦しみの天国が。

・・・私たちの母なる聖テレサのように愛によって死ぬまで主を愛し、愛し尽くし

たいと思います。聖テレサの祝日に「愛のいけにえ」を歌いますが、これこそ私の野望です。そうです、神の愛の餌食となることです。・・・主は私といつも一緒におられるのですから、私の仕事、そのほかの何かすることは重要ではありません。
念祷、心と心の語らいに終わりはありません。私のうちに神は生き生きしておられます。少し潜心すれば神は私のうちにおられるのがわかります。これこそ私の幸福です。尽きることのない渇きと愛への深い望みを主は私のうちに置かれましたので神以外のものでは満足できません。それで私は主によって満たされ、すっかり浸され、腕の中にかかえてもらおうと、幼い子どもが母親のところに行くように、主のところに参ります。私たちはもっと単純に神に向かう必要があると思います。（一九〇三年七月十五日）
カルメルで私が何をしているのかとお尋ねですが、カルメリットの仕事は唯一「愛し、祈ること」です。でも、たとえ信仰によって天国に住んでいるといっても、まだ地上に居るので、いつも愛に自らをゆだね、私たちに模範を示そうとまずご自身が父

の御旨に従われた主のために働かなければなりません。（一九〇三年六月二十九日）

エリザベットの修室は二階にあった。そこには簡素なわらのベッド、小さな椅子、一枚の板をわたした書物台が家具のすべて。暖房も電気もないこの修室は中庭に面しているので太陽の光が十分に射し込んできた。緑におおわれた中庭の中央には大きな木の十字架が立っているのが見える。その十字架にはキリスト像がない――キリストの代わりに自らを十字架のいけにえとすることを促して。

神に満たされているその修室で、私は天の花婿と独りすばらしいときを過ごします。私にとって修室は、神聖な場所、親密な聖所、イエスさまとその小さな花嫁だけのための場です。私たち〝二人〟はそこで非常に居心地よく、私は黙し、主のみ声に聞き入ります。すべてを主から聴くのはなんとよいことでしょう。そして私はとても着たかったこの大切な、粗末な毛織物の修道服を身にまとって針仕事をしながら主を愛するのです。（一九〇三年六月二十九日）

私のうちに住まわれる神

リジューのテレーズの表現のこだまであろうか、「母親の腕の中の幼子のように」は友達への手紙の中にくり返し使われる。しかしエリザベットが常に強調するのは、「自分のうちに住んでおられる方とともにとどまること」あるいは「神のうちに消え去ること」である。それは生活様式に限定されない —— 修道院の囲いの内側でも、また世間の生活であっても、重要なこと、それは「自分の心の深奥に住まわれる方とともに常にとどまること」である。

私たちのうちに在られるのは三位一体ご自身です。この秘義こそは天国での私たちの示現です。・・・〝三位一体のエリザベット〟これが私の名前です。ということはエリザベットは姿を消し、三位一体によって浸透されるように身をまかせてしまうのです。・・・愛によって生きましょう。目立つことを探さずに神の御旨を行って一瞬一

瞬自分をささげて生きましょう。

・・・私たちは本当に弱い者、みじめな者です。でも主はそれをよくご存じです。私たちを喜んでゆるし、立ち帰らせようとなさいます。それだけでなくご自分のうちに、その清さ、無限の聖性のうちに私たちを引き寄せてくださいます。絶え間ない交わり、神的接触によって私たちを浄めてくださいます。

・・・毎日の生活を神との絶え間ない一致とするようにお互いがんばりましょう。朝、愛のうちに目覚め、愛に身をまかせましょう。すなわち神のまなざしのもとに、神とともに、神のうちに、神のためにのみ、その御旨を行いましょう。神が望まれる方法でいつも自分を与えてゆきましょう。そして夜は、心の中でやむことのなかった愛の対話の後、愛のうちに床につきましょう。たとえ、欠点、不忠実に気がついても愛にすべてをゆだねましょう。愛こそはすべてを焼き尽くす炎ですから。神の愛を私たちの浄化の場としましょう。（一九〇三年八月二十日）

あなたはまったく三位のもの、神に所有されているものです。どうぞ彼に、彼の愛に自分をゆだねてください。・・・今日の美しい書簡の中で聖パウロが言うようにキリストの愛に根づくようにしなければなりません。

どのようにして？　一切のことにおいて、絶えず、私たちの内に住まわれる方、愛である方とともに生きることによってです。ご自分のすべてに私たちをあずからせ、ご自分に変容させたいと渇望しておいでになるその方。ですから、私たちの信仰を目覚めさせて、主が魂の奥深くにおいでになることを思い起こしましょう。主は私たちが忠実であることを切にお望みです。いらいらしたり、愛に反する言葉を言いたくなったとき、主のほうに心を向け、彼を喜ばせるために、この自然に起こる感情の動きを無視しましょう。それは主にささげ、主のみに知られるたくさんの自己放棄です！そのような機会をむだにしないようにしましょう。

聖なる人とは、常に自分を忘れ、自分を顧みることなく、造られたものにまなざしを向けず、愛する方の中にまったく姿を消してしまうので、聖パウロとともに次のように言うことができる人です。「生きているのは、もはやわたしではありません。キ

リストがわたしの内に生きておられるのです」（ガラテヤ2・20）
　このような変容に達するには、確かに自我を抑制していかなければなりません。でも恐れることはありません。あなたは十字架にかけられた方を愛しているのですから。自分をささげることも愛していらっしゃるのです。彼をよく見つめてください。信頼して、あなたの心を彼に開いてください。そして、あなたは主をひたすら愛したいのにあまりにも小さな者なので、彼があなたのうちで一切のことをしてくださるようにお願いなさい。神の小さな子どもとしてとどまり、いつも身をゆだねて、神の愛のうちに憩っていることはなんと快いのでしょう。・・・私たちのうちに住まわれる愛。私のなすべきことのすべては、自分の深みに入り、そこに住まわれる方のうちに姿を消すこととこれに尽きます。（一九〇三年九月二十日）
　私がすべてを捨てたのは主のためだと言うことを、気持ちよく思い起こします。愛するとき、人は与えたいと思うのです。私がすべてにまして主を愛することを深く望んでいらっしゃる神を、私は心から愛しております。私の心に深い愛が注がれるのを感じます。それは、ちょうど私が沈んでしまっている大洋とでも言いましょうか。これは光のうちに神と顔を合わせるまでは、この地上においての私の示現です。神は私の内におられ、私は彼の内におります。・・・彼との触れ合いが私を浄化し、私をみじめさから解放してくださることをお願いしています。

神のうちに距離はない

幸福をかみしめればかみしめるほど、エリザベットは毎年まわってくる入会記念日を感謝のうちに過ごした。別離の苦しみを受け入れてくれた母、妹をはじめ愛する人たちとの心の絆は、物理的距離、カルメルの高い壁さえも障害とはならない。

神の呼びかけに対して人は抵抗できません。主は私をとりこにし、心をとらえ、私はもう自分のものではなくなってしまいます。主の愛の餌食となります。心は引き裂かれるかもしれません。でもその深みには言い表せない平安と幸福が漂っていま

す――この世のものとは思われません。三年前お別れのときは、これが最後だ、もう二度と再び私の愛するおばさま方を訪ねることはないと心の底で感じました。自動車が走り出したとき、涙がとめどなく流れたのを覚えていらっしゃいますか。でも今おばさま方のところに伺うのは簡単なことです。私はたびたびこの旅行をします。祈り、すべての愛情の絆である方のうちに一致すること。これこそ今の私の交通機関です。どうぞお忘れなく、おばさま方も私のところにいらしてください」

神の次にいちばん愛している人を確かに犠牲にはしましたが、今はもう犠牲とは言えません。私たちの間には親密な一致があるのですから。心と心は互いに結びついているのですから身体がどこで生きていようとそれほど重要ではありません。ママのなつかしい筆跡を見たときのエリザベットの動悸が聞こえませんでしたか。彼女はとても母親を愛しているのですよ。

・・・八月十五日、聖母が天にのぼられ神の宝を得るとき、いちばんよいものをママのためにくださるようにお願いしました。そしてまた、神との一致のすばらしい秘密、すべてのことをとおして神とともにとどまるこの秘密をママに教えてくださるように祈りました。それは母と子、夫と妻の親密さです。これこそカルメリットの生活です。一致こそ輝く太陽であり、果てしなく地平が広がるのを見ます。

ママの好きな小さな教会に行くとき、私のために祈ってください。一緒に聖櫃《せいひつ》の前でひざまずいて祈ったときのことを覚えていらっしゃいますか。聖櫃の中で愛のとりことなられた方のとりこである私のことも思い出してください。主の近くにいると距離は存在しません。天国において、いつか私たちはもっと近くに居るでしょう。主への愛のために私たちはこのように離れるようになったのですから。

ママは幼いころから母なる聖テレサの祈りや言葉を教え、愛するようにさせてくださいました。どうぞその母なる聖テレサに、私が聖なるカルメリットとなるように願ってください。そして神にすべてをささげたこの小さな心――でも神はこの心に大きな愛する力を与えまれました――によって愛されていることを喜んでください。

ママのことを思って時々私の心は血を流しますが、それも主のためです。もし私がほんの少しでも神を愛しているなら、その心を彼の方に向けてくれたのはあなた自身でした。――初めのあの出会い、互いに与え合ったあのすばらしい初聖体日、ママがしてくださったすべてのことに感謝しています。人々に主を愛させたい、ママのように人々に彼を与えたいと思います。

（中国へ出発する一宣教師へ）霊魂にとっては距離もなければ、別離もないとお思いになりませんか？　これこそ、「わたしが彼らの内におり、あなたがわたしの内におられるのは、彼らが完全に一つになるためです」（ヨハネ17・23）というキリストの祈りの実現です。地上の人々は信仰によって、そして至福直観の光栄にあずかっている人々はその神的光のうちに、自らを与えられる神、御父と一致しているのですから、私たちはみな身近に存在しているのだと思います。・・・そうです。同じ方が私たちのうちにおられるのです。私たちを神化されたものとするために、神は愛のすべてを私たちに傾けて夜となく昼となく神的生命を注ぎこもうとしておられます。・・・「いのちの水の泉」（ヨハネの黙示録7・17）のほとりにいつもとどまっている使徒は、すばらしい影響をもっています。無限なる方と一致しているのですから、その魂は決してかれることなく周りの人々を潤すことができます。神が神父さまのすべてをとらえ、神の秘義にあずからせ、神父さまのすべてに神の刻印をおして神的のものとしてくださいますように、心からお祈りしています。

御父の光栄のために働く今一人のキリストとなられますように。どうぞ私のためにもお祈りください。私も愛するカルメルの孤独の深みで神父さまとともに使徒になり、神の光栄のために働きたいと思います。そのためには私も神で満たされ尽くしていかなければなりません。そうすればすばらしい力をもつことになり、私のひとつのまなざし、ひとつの望みが、すべてを勝ちとるこの上なく強い祈りとなることでしょう。というのも、それはちょうど神に神ご自身をささげるようなものだからです。ですから神のうちでお互いに一致しておりますように祈ります。・・・主こそが私たちのいのちのいのち、私たちの魂の魂となりますように。夜となく昼となく、神の働きのもとに心深くとどまりましょう」

感謝するにも人々をなぐさめるにも、勇気づけるにも、エリザベットは常に心の深みに住まわれる三位一体の秘義へと人々を誘った。

一九〇二年に三十二歳の銀行家ジョルジュ・シェヴィニャールと結婚した妹マルグリットが子どもを授かったことを知ったときの、エリザベットのマルグリットへの手紙がある。

あなたのそばに私が居り、あなたとそしてすでに神のご計画のうちにあるちびちゃんを祈りで包んでおります。神のいのちに浸り、身をまかせてください。神の祝福に満たされてこの世に生まれてくる赤ちゃんに、そのいのちが与えられますように。

神の賜物である、受肉したみ言葉がマリアさまのうちに宿ったとき、聖母の心のうちがどんなであったか考えてください。なんという沈黙、潜心、礼拝が聖母の深奥で行われていたのでしょうか――自分が母であるその神を抱きしめるために。（一九〇三年十二月二十三日）

一九〇四年三月十一日は大きな喜びの日となった。マルグリットの長女はカルメリットのおばさまにあやかってエリザベットと名づけられた。カテー夫人にとってもエリザベットなき後、孫娘小エリザベット誕生は喜びであり、なぐさめであった。早速母に手紙をしたためる。

小さなエリザベットの誕生を知って、大きなエリザベットは小さな子どものように泣きました。・・・ママの心と一つになり、かわいらしい、小さなゆりかごのそばで三つの心は声をそろえて歌っています。ちびちゃんが私の名前を名のることは大きな喜びだとマルグリットとジョルジュに伝えてください。私が彼女の天使になるために、神さまが私にくださったのでしょう。生まれる前に本当に熱心に彼女のために祈りました。私の祈りと犠牲の二つの翼のかげにちびちゃんをかくまいましょう。(一九〇四年三月十一日)

マルグリット、私は心からこの小さな天使を愛しています。彼女のママと同じくらいに。これはかなりなことです。そして私が聖三位一体の小さな神殿に対する尊敬でいっぱいなのがおわかりになりますか。(小さな)エリザベットの魂は、神を放射する水晶のように思われます。もし、ちびちゃんのそばに私が居りましたら、そのうちに住まわれる方を礼拝するためにひざまずくことでしょう。（一九〇四年三月）

沈黙と孤独への旅

一九〇四年九月二十五日の夕方から十月六日の朝までエリザベットは十日間の個人黙想をした。一九〇三年一月誓願前の個人黙想以来はじめてでもあり、平常よりさらに深い沈黙と孤独の十日間は天国の前味のようであったとアングル神父へいう。

・・・そうです。聖パウロがいうように（エフェソ２・４参照）神はエリザベットをあまりにもたくさん愛してくださいます。でも愛は愛を呼ぶのです。聖パウロの言う「人の知識をはるかに超えるこの愛」（エフェソ３・19）以外、私は何も知りたくありません。また私の心はその深みのみを求めています。それこそ天国です。神を所有しているのですから、この地上でもすでに天国が始まっているように私には思われます。

何をしていても、私たちは神の愛のうちにとどまることができます。これこそ幸いにも個人黙想中、神が私に悟らせてくださったことです。

誓願前の闇に包まれた苦しい黙想とは違い、十日間は光と喜びのうちに過ぎた。神の愛の深みに沈み、そこにとどまること。エリザベットの黙想、「沈黙と孤独への旅」は神の深みへのさらに果てしない旅立ちとなっていった。

果てしない旅へ～一九〇六年三月病室へ～

三位一体への祈り

一九〇四年十一月十二日からドミニコ会士ファージュ師指導の修道女全員のための黙想の最終日は、教会の典礼がマリアの奉献を祝う日であった。カルメリットたちはマリアにならって自らを新たに主に奉献するために、ミサの後、誓願更新をした。

この日、歌隊所にはご聖体が一日中顕示され修道女たちはそこで自由に祈ることができた。そしてその日の夕、自分の修室に戻った三位一体のエリザベットは一枚の紙片に、『おお私の神、拝すべき三位一体』の祈りを一気に書きつけた。それは自分の心の動きを誰のためでもなく書いたもので、この紙片はエリザベットの死後、折りたたまれて見つかった。それは美しい祈りであるというだけではなく彼女の三位一体への奉献そのものであり、彼女の新しい飛躍を示している。

おお私の神、拝すべき三位一体よ、どうか私の魂が、永遠のみ国に住んでいるかのように、安らかさ静けさに包まれて、あなたの中に生きることができますよう、自分のすべてを忘れるようにお助けください。

おお私の不変の神、何ごとも私の心の平和を乱すことなく、また私をあなたから引き離すことがないように。かえって一瞬《いっしゅん》ごとに、あなたの秘義の深みに引き入れられていきますように。私の魂を鎮《しず》め、これをあなたのお気に入りの住居、憩いの場、あなたの天国としてください。そして瞬時もあなたを独りきりにしておくことなどがないように。全き信仰に目覚め、礼拝しつつ、あなたの創造的働きにこの身のすべてをゆだねて、そこにとどまることができますように。

おお愛するキリスト、愛によって十字架につけられたイエス、私はあなたを死ぬほど愛したいのです。この無力な私、どうぞあなたが、ご自分を私にまとわせ、私の生涯があなたのご生涯の再現となりますように、私の魂をあなたの魂のすべての動きに同化させてください。あなたの中に私を沈め、私をとらえ、私に代わってあなたが生きてください。どうか、礼拝者、代償者、救い主として私の中にお住まいください。

おお私の聖なるみ言葉である永遠の御子よ、私はあなたのみ声に聞き入りながら生涯を過ごしたい。あなたからすべてを学ぶために、素直に心を開いていたい。すべての暗黒《やみ》、すべての空虚《うつろ》、すべての無力さを通じてあなたをいつも見つめ、あなたの大きな光の中にとどまっていたい。

おお私の愛する星よ、私が再びあなたの光の外に出ないように私を魅了してください。

おお燃える愛の火、聖霊よ、どうか私の魂の中にみ言葉の一つのご託身《たくしん》を行ってください。私が主のご人性の延長となり、主が私のうちにその秘義を新たに生きることがおできになりますように。

おお御父よ、あなたのあわれな小さな被造物を顧みてください。あなたの陰《かげ》で私を覆い、あなたの心の喜びである御子だけを私のうちにお眺めください。

おお私の聖三位、私のすべて、私の至福、無限の孤独、私を沈める果てしない淵よ、私は犠牲として、あなたにこの身をおわたしします。あなたの光明の中で、あなたの限りない偉大さを拝する日まで、私があなたの中に沈むことができるように、私の中にあなたをお沈めください。

八日後、義理の弟、神学生のアンドレ・シェヴィニャールに宛てた手紙に、「キリストとなる」――キリストがご自身の奥義を再び生きられるように彼の人生の延長となる――ためには沈黙のうちに沈み、自分を忘れて、神の働きにゆだねるというエリザベットの心のこだまを聞くことができる。

「生きているのは、もはや私ではなく、キリストこそ私のうちに生きておられるのです」、これこそ私の理想であり、司祭となる方の理想でもあることでしょう。特にキリストご自身の理想なのですから、私たちのうちに完全にこの理想が実現されるようにキリストに祈っております。キリストがご自身の秘義を再び生きられるように、私たちが彼の人性の延長となりますように。キリストが礼拝する者、贖う者、救う者として私のうちにとどまられますように。私の弱さをキリストが補ってくださることを考えるとき、言葉に尽くし難い平安に満たされます。いかなるときも私が転べば、必ずそこにおいでになり、起こしてくださり、前よりご自分の近くに引き寄せてくださいます。恵みによって私たちはすでにこのように神の深みに住まっているのですから、何ごとも私をそこから連れ出せないように深く神のうちに沈んでいたいと思います。この神の深みのうちにこそ、私はあなたと出会います。そこで私たちは心を一つにして、いつくしみをもって私たちを愛してくださるおん者を拝するために黙しましょう。(一九〇四年十一月二十九日)

「何ごとも、何ものも自分を神の現存から連れ出せないほど深く」神の内にとどまっていたいというエリザベットは、司祭に、母親に、妹に、友人に宛てて書くとき、必ずその秘義について触れた。

・・・「キリストの力がわたしの内に宿るように、むしろ大いに喜んで自分の弱さを誇りましょう」(二コリント12・9)・・・愛と忠実の中に自分の弱さに耐えることが神に栄光を帰することだということを思い起こしてください。私たちの母である聖テレサはこう言われました。「神の望んだことをすべて受けて入れて、神とそしてその御旨に一致している人は、すべてを所有している」

それで私は神の喜びにかなった人の知るこの深い平安をあなた(小さいときからの知

り合いである一司祭の母親）のために願っております。ご病気がもたらすすべての苦悩をお察しいたしますが、「これらすべてを望まれるのは神です」と心楽しく言いたいのです。あるとき、主はある聖人に言われました。「飲んで、食べて、ねなさい。あなたがしたいことはなんでもしなさい。――ただ一つ、私を愛しているなら――」

愛、まさにこの愛こそが重荷を軽くし、喜びをもたらすのです。この神聖なる愛の炎で私たちを焼き尽くしてくださるように、幼子キリストにお願いしましょう。（一九〇五年一月五日）

愛である神を愛することによって愛に変容される。自分のみじめさ、弱さをいやというほど体験するときも、大切なことは、そんなことに驚かず、神の愛によって浄めていただく。そのためには、心の深みに住まわれる神とともにとどまらなければならない。

このころの手紙には、ひんぱんにパウロの言葉が引用されるだけでなく、「私の大好きな聖パウロ」、「偉大な聖パウロ」、「すばらしいパウロの手紙」、「私の魂の父」という表現が見受けられる。また聖ヨハネの福音と手紙もよく読まれ、引用されている。偉大な使徒たちの「すばらしい言葉」からエリザベットの観想的まなざし、澄んだ心の鋭い洞察力は、その中に秘められた神秘を究めた。手紙、詩、応接間の談話、霊的会話は、それらの表れであった。

私を喜ばせ、養ってくれるパウロの手紙に「人の内にある霊以外に、いったいだれが、人のことを知るでしょうか。同じように、神の霊以外に神のことを知る者はいません」（一コリント2・11）と書かれています。ですから私の黙想プログラムは、信仰と愛によって、ヨハネがいう「聖なる方から油を注がれている」（一ヨハネ2・20）ことにとどまることです。というのも「〝霊〟は一切のことを、神の深みさえも究めます」（一コリント2・10）から。この愛の霊を悲しませることのないように、霊の恵みが私のうちになさろうとするすべての創造を、私がじゃますることのないようにお祈りください。

喜びも悲しみも人々とともに

カルメルの静かな生活の中で、心の深みの神に沈みきっているエリザベットにとって、そびえ立つ修院の高い塀は、その向こう側の人々との隔てとはならなかった。それどころか彼女の心は敏感に人々の喜び、悲しみを感じとっていた。

かわいそうな母親ですね。エリザベット（姪）はどんなにあなたに心配をかけているのでしょうか。でもよい天使が彼女を守り、すべての悪からあなたを守ってくださるでしょう。エリザベットがもうこれ以上心配をかけないといいのですが。でもすべてを神の光のうちに見、神に「ありがとう」といつも言えますように。ママの手紙によるとあなたは疲れているようですが、どうぞ無理をしないでよく休んでください。私があなたのめんどうをよくみたことを覚えていますか。私はいつも、あなたに対して少し母親のような態度をとりました。あなたの二人の天使（二人の子ども）も私たちのように仲がよいといいのですが――私たち以上に仲良くすることは不可能でしょうね。

「わたしたちの本国は天にあります」（フィリピ3・20）私のマルグリット、この天、神の家とはまさに〝私たちのうち〟にあるのです。十字架の聖ヨハネが言うように心の深みにとどまるとき、私たちは神のうちにとどまるのです。なんと簡単で、そしてなぐさめに満ちていることでしょう。すべてのこと、母としての心遣い、気配りをとおしてさえも、この孤独にあなたは、沈むことができるのです。

聖霊があなたを神のうちに変容させ、神的美しさをあなたのうちに刻みこむように、自分自身をその霊にゆだねてください。するとあなたを眺めるおん父はキリストを、そこにごらんになり、「これはわたしの愛する子、わたしの心に適う者」（マタイ3・17）と言われるでしょう。天国であなたのうちに私のすばらしいキリストが現れるのを見るなら、私はどんなにうれしいことでしょう。

・・・聖ヨハネとともに神の愛に信頼しましょう。私たちは神を所有しているのですから、私たちの天を暗くする夜が訪れてもそれがなんでしょう。もしイエスさまが眠っていらっしゃるのでしたら、私たちも彼のそばで休みましょう。そっと静かにして彼の目を覚まさないで、信仰のうちに待ちましょう。エリザベットとオデットがママの腕の中に居るとき、太陽が照っていても、雨が降っていても、二人は心配しないと思います。このちびちゃんたちと同じような単純さをもって神の腕の中にとどまりましょう。（心配事で疲れた妹マルグリットへの手紙　一九〇五年八月十一日）

おばあさまの死をみとることのできなかったあなたの悲しみをお察しします。神が生命の本に書き込まれたに違いない大きな犠牲でした。死とは、なんと、はかりしれない深い神秘でしょう。しかしまた信仰に生きた人、「見えるものは過ぎ去りますが、見えないものは永遠に続くので、見えるものではなく、見えないものに目を注ぐ」（聖パウロ）人々にとっては、この上もなく単純なことなのです。

・・・私たちにとっても決定的瞬間が訪れるとき、神が裁きのために私たちの前に現れると思ってはいけません。むしろこの身体から魂が解き放たれるとき、一生をとおして自分が所有していたにもかかわらず顔を合わせて直視できなかった方を、自分のうちにベールなしで見ることができるのです。このことは私の考えでなく、神学も教えてくれる真実です。私たちを裁かれる方が、私たちをいつもみじめさから救い出し、ゆるすために、私たちのうちに住まわれていることを思い出すのはなんというなぐさめでしょう。（祖母を亡くして悲しむ友人へ　一九〇五年八月十二日）

病にむしばまれて

このように死について友人をなぐさめるエリザベット自身、実はすでに死に導く病にむしばまれ始めていた。一九〇五年の春までは、いくらか手加減するくらいで維持されてきた健康は、このころから会則の遵守を緩和してもらわなければならないほどになった。入会前、「あなたの身体にカルメルの会則はきびしすぎる」と言われたとき、間を置くことなく、「それならその会則で死にましょう！」と即座に答えていた。

死に至るまで会則を忠実に守りたいと思っていた彼女にとって会則遵守の緩和は大きな犠牲だった。後に院長に聞かれて、エリザベットが打ち明けたところによると、すでに非常な疲労を感じており、受付で鐘が鳴って呼ばれても、階段を一段上るにも真剣な努力を必要としていた。寛大なエリザベットは自分の弱さから力を汲み出していたのである。「わたしを強めてくださる方のおかげで、わたしにはすべてが可能です」（フィリピ4・13）、彼女は好んで口にしたこの言葉を忠実に生きていた。ついに八月半ばに受付係からはずされしばらく休養し、できるだけ外気に触れて快復するように期待された。

・・・やさしい院長さまは、外の空気に触れることをおすすめになりますので、小さな修室で仕事をする代わりに、大きな庭のいちばんさびしいところに隠遁者のように落ち着き、そこですばらしいときを過ごします。大自然は神に満ちているように思われます。——大きな木の梢を通り抜ける風、さえずる小鳥たち、青く澄んだ空、すべては神について語ってくれます。ママ、私の幸せはいつも大きくなるばかりで、神

ご自身のように果てしない無限の広さに広がっていくようです。なんと静かな、穏やかな幸せでしょう。この幸せの秘密をお母さまにも分けてあげたいと思います。聖ペトロが第一の手紙で言っています。

「あなたがたは、キリストを見たことがないのに愛し、今見なくても信じており、言葉では言い尽くせないすばらしい喜びに満ちあふれています」（一ペトロ1・8）

カルメリットは、信仰というこの神的源泉で幸せのすべてを汲みとっています。聖ヨハネの言う「私たちに対する神の愛」（一ヨハネ4・16）を知っており、また信じています。

この同じ愛が神をして地上に下らせ、そして私たちのうちにまでも下りていらっしゃるのだと信じています。なぜなら真理そのものであると言われたおん者が福音書の中で次のように言われます。「父がわたしを愛されたように、わたしもあなたがたを愛してきた。わたしの愛にとどまりなさい」（ヨハネ15・9）

それでカルメリットはこのすばらしい掟に素直に従い、彼女のうちに住まわれ、自分自身よりさらに自分に近い神との親しさに生きます。私がここで述べたことは決して気持ちの問題でも、想像でもありません。それは純粋な信仰によることです。ママの信仰は強いので主は前にも言われた次の言葉をくり返して言われるでしょう。「婦人よ、あなたの信仰は立派だ」（マタイ15・28）

ママが自分のイサクを葬るために山上へ伴われたときの信仰は、本当に立派でした。神はママが母としての心をもってなさったこの英雄的行いを〝生命の書〟に書き入れられたに違いありません。ママのページは確かにいっぱいだと思います。ですからママは、安らかな信頼をもって神のみ前に出る日を待つことができるでしょう」

エリザベットの苦しみに対する勇気はあまりにも大きく、真実のものであった。それで誰も彼女が内部からそんなに病にむしばまれているとは思ってもみなかった。苦痛を誇張することを恐れて、それについて言わなければならないとき、いつも控えめにしていた。後に院長に尋ねられて打ち明けている。

朝、小時課が終わると、もうまったく力が尽き果ててしまい、夕方までどうしたらよいのかと途方にくれてしまいました。・・・院長さまが休ませてくださるときにも、それで楽になることはできませんでした。全身は粉々に疲れ、身の置きどころがなく、眠ることもできず、夜であれ、昼であれ区別なくその苦しみは激しくひどいものでした。そのようなときの良案は祈りでした。大沈黙の間には、本当に死の苦しみでしたので、内陣の格子戸の側で主の側近く、苦しみを主の苦しみに合わせていました。それは私にとって純粋の苦しみのときでしたが、そこから朝課のための力を汲みとりました。それで朝課のときには、いくらか楽に「教会の祈り」を唱えられました。でもまた力が尽きてしまい、「教会の祈り」が終わると、暗いのを幸いに、誰にも気づかれないように壁につかまり、やっと修室に戻っていきました。

その後もよくなったかに見えては、また悪化する、そのくり返しであった。ちょうどクリスマスのために馬小屋を準備しているとき、ある姉妹はエリザベットが低い声でささやいているのを耳にした。「ああ、私の小さな〝愛の王〟、来年はもっと身近にお会いするでしょうね」

毎年、年の初めの休憩時間にその年の間、守護者となる聖人をひく習慣がカルメル会にある。一九〇六年元旦、三位一体のエリザベットが当てたのは聖ヨセフであった。「聖ヨセフさまは、よき死の保護者！　私を御父のところに連れて行ってくださるでしょう」とエリザベットが言っているのを聞いた修道女さえ、彼女が大変寛大に勇気をもって日常生活のすべてのことにあたっていたので、それほど心にとめはしなかった。むしろ、エリザベットがもう「永遠の安息」のことを考えているとやさしくとがめる者さえいた。

栄光の賛美

すでに八カ月も前、妹マルグリットへの手紙で、「あなたのうちに私のすばらしいキリストが現れるのを天国で見るならどんなにうれしいことでしょう」と述べたり、一九〇六年、新年のあいさつには「あなたの姉、『栄光の賛美』」とサインし、「私たち二人は天国でこのように呼び合いましょう」と言っていた。
確かにここ一年ほど、エリザベットは「栄光の賛美」に特別心を魅せられていた。
・・・私にとって大切なことを打ち明けましょう。私の夢、それは「栄光の賛美」となることです。聖パウロの中にそれを見つけました。諸聖人の国で永遠に「聖なるかな」を歌うのを待つこの島流しのときに、すでにそれが私の召し出しであると天の花婿は私に悟らせてくださいました。しかし、それには、かなりな忠実さが要求されます。栄光の賛美になるためには、神でないすべてのものに死ななければならないからです。そしてあわれな私は彼に対しておろかなことをしてしまいますが、いつくしみ深い御父は私をゆるし、その神的まなざしは私を浄化します。それで私は聖パウロのように「後ろのものを忘れ、前のものに全身を向けつつ」（フィリピ3・13）目標を目ざしてひたすら努めます。（一九〇五年末　アングル神父へ）
「栄光の賛美」となるとはどういうことなのか、エリザベットの言葉を拾ってみよう。
「栄光の賛美」とは信仰と単純さの中に神を見つめている人、それは、ちょうど神

のすべてをありのままに映し出す鏡のようであり、神がその中に入り込み、あふれさせることのできる一つの底のない深淵のようです。それはまた、神がその中にご自身のあらゆる完全さと光輝とを映し、眺めることのできる水晶のようです。

「栄光の賛美」とは、絶えず感謝している魂のことです。この人の一つひとつの行い、動き、思い、望みがその人自身をさらに深く神の愛の中にとどまらせると同時に、あたかも永遠の栄光の賛歌《サンクトゥス》のこだまのように響きます。少しも心を散らさないで神を見つめ続けていることは、人間的弱さのためにできないことなので、たとえ絶え間なくそれを自覚していることはなくても、絶えず主の賛美を歌い、礼拝して、賛美と愛との中にまったく浸りきっている魂です。

光へ、愛へ、いのちへ～病室に入ってから帰天まで～

エリザベット病室へ

一年前からすでに表れかけていた病はついに一九〇六年三月末、エリザベットを病室へと追いやった。このアジソン病といわれる病は副腎の疾患で皮膚が青銅色になることから別名青銅色病と言われている。四月初め、枝の主日の夕方、激しい発作にみまわれたエリザベットは、地上ですでに住まいとしていた三位一体をベールなしに観想できるあの無限の領域に飛び立つときがついに来たのかと思った。病者の塗油と主の訪問を受けた後、目のあたりに主を拝する日を待ちながら、言い尽くし難い幸せな日々をエリザベットは過ごした。二カ月後、友人に書いている。

神のもとへ行きたいとあまりに深く望んでいますので、主が連れに来てくださるの

が待ち遠しく思われました。主だけを愛してきた人、聖パウロの言う「過ぎ去っていく見えるものでなく、永遠に続く見えないものを求めてきた人」にとって、死はなんと甘美であり心地よいものでしょう。

枝の主日に起こった発作は、それまでのひどい容態にさらに激しい苦痛を加えた。あたかも受難週の主のご受難の神秘にいっそう深く参与させるかのようであった。しかし、この地上ですでに「住まい」としていた三位一体へと飛び立つときは、まだ来ていなかった。聖土曜日にはいくらか回復に向かい、四月十五日復活の祝日に母親への手紙を院長が口述するまでになった。

愛するママ、もしこの地上を離れておりましたら、今ごろはママと一緒に過ごしていたでしょう。決してそばを離れることなく、あなたのエリザベットがいつもそばに居ることを感じさせたことでしょう。ママは私の気持ちをわかってくださると思うので言いますが、私がこんなにも愛する方のもとへとまだ飛び立てなかったことは、実は私にとって大きな期待はずれでした。もし天国で復活祭を迎えていたらどんなにす

ばらしかったでしょう。でもそれはまだ利己的な望みだったのでしょう。今はまったく従順に自分の快復を祈っています。

快復のために、幾度となく九日間の祈り《ノヴェンナ》を祈った院長をはじめ姉妹たちは、奇跡以外エリザベットの病を治す見込みはまったくないと徐々に悟り始めた。日ごとにつのる病の勢いは、十字架につけられたキリストの苦しみがエリザベットの上に表れてきているかのようで、「この病気は少し神秘的のように思われます。これを愛の病気と呼びましょう。なぜなら私の上に働かれ、私を焼き尽くしておられるのは神ご自身ですから。そのみ手に身をゆだね、まったくおまかせしています」と言った。十一月までの七カ月間、ただひたすらその苦しみの道、カルワリオへの道を登りつめるエリザベットが残した七十八通の手紙と二十七の詩は彼女の壮絶な最後の姿を語っている。

そのころ、健康を害していたカテー夫人は、四旬節に入る前の最後の面会のとき、容態が思わしくなかったので、エリザベットはあえて母親に自分の病状については話さなかった。それで枝の主日の危篤状態が告げ知らされたときのカテー夫人の驚きは、ことのほかであった。娘は十分に介抱されていないのではないかと懸念する母親に、エリザベットは「本当の母親のようによくしてくださる院長」について手紙を送っている。そこには院長と母親に対するこまやかな心遣いがにじみでている。真に厳粛な「この決定的瞬間」にどんなに自分が小さい者であり、空の手の真に貧しい者であるかという実感、院長の声を聞き、手を握られることとの必要を語っており、彼女の子どものような単純さをそこに見ることができる。

ママ、この小さな病室の孤独のうちに私がどんなに幸せか、おわかりいただけますか。主は、私とともにおいでになり、私たちは夜も昼も心を一つにして生きています。この病気以来、私にとって天国はずっと近くなってきました。・・・主だけが、この世から次の世への移行について来て助けてくださるのです。（一九〇六年四月十三日）

当時のアジソン病は不治の病であり、その症状は、胃、腸の障害、嘔吐、そしてきわめてひどい衰弱である。とにかく栄養をとって体力をつけなければと言われ、「たちの悪い性質の胃」をだますようにしてエリザベットの栄養補給は行われた。「私たちの住まいである三位一体」へと飛び立つことしか考えないエリザベットをどうにかしてとどまらせようと手を変え品を変えて、栄養補給に協力する家族、友人たち。エリザベットは、彼ら一人ひとりに痩せ細った手で心から礼状を書く。

送ってくださったおいしいお菓子は、あなたの心そのもののように思われました。それで私も私の心をお送りしてあなたのデリケートな心遣いにどんなに感じ入ったかを言い表しましょう。食欲をそそるあなたの傑作を味わいました。おいしかったのですが、たちの悪い私の胃は何も欲しがりません。まったく悪い性質ですが、主への愛、そして私の愛する人々のために苦しむ幸せを、私に与えてくれるので、この胃には深く感謝しています。苦しみとそれ以上に深い孤独においてあなたのことをどんなに考えているかおわかりいただけたら。（一九〇六年五月十日）

与えられたものを言われたように食べ、言われたことを子どもの単純さをもって実行に移す。ベッドの上に座ることもやっとの状態であったのが七月半ば母親に歩ける喜びを告げる。

私の胃は相変わらず食物を受けつけません。でも私が歩き始めたことを想像できますか。座ることもできなかったときより力がついたわけでもないのですから、私自身理解に苦しみますが。先日衰弱しきっていたので、院長さまに死にそうですと言いましたら、そんなことを言うより歩く努力でもしたほうがよいと言われました。

院長さまの言われることはなんでも従いたいと思っていますので、一人になったとき、ベッドの端につかまって試しました。痛くてどうしようもないので、幼きイエスのスール・テレーズ（リジューの聖テレーズ、当時列聖以前）に「治してくださるようにではなく歩けるように足をください」と思わず祈りました。どうでしょう、私は歩けたのです！杖をつき、背を曲げたおばあちゃんのように、さぞお笑いになるでしょう。

霊的遺書

一九〇六年七月二十日の聖マルグリットの祝日前のノヴェナの間に、エリザベットは妹へお祝いの手紙を書いた。それは「私の魂のこだま」と呼ぶ妹への霊的遺書のようである。

七月十六日（カルメル山の聖母の祝日）、今日、小さな天使たち（妹の二人の子ども）と一緒にあなたを聖母にささげました。こんなに聖母を愛したことはこれまでなかったでしょう。静かに心落ち着き、光り輝いているこの「造られた者」が私の母であることを思うとき、喜びに泣けてしまいます。母親をとても慕っている子どものように聖母のこの美しさを心から喜んでいます。私の心は彼女にとても強くひかれ、聖母を女王、私とあなたの天国の守護者と定めました。――いつも私たち二人のためにすべてをしていますので。

愛するマルグリット、あなたの愛の辞書から「落胆」という言葉を消してしまわなければなりません。自分の弱さ、押し寄せる困難を感じたり、主がますます隠れてしまわれるように思われるときは、かえって喜んでください。そのときこそ、主に何かをささげられるのですから。愛するときには、受けるより与えるほうがもっとよいのです。

神はパウロに、「わたしの恵みはあなたに十分である。力は弱さの中でこそ十分に発揮されるのだ」（二コリント12・9）と言われました。偉大な聖人は、非常によくそれを理解して叫びました。「キリストの力が私の内に宿るように、むしろ大いに喜んで自分の弱さを誇りましょう」（同）。私たちが感じることは重要ではありません。神は不変の方、決して変わることのない方です。昨日愛したと同じように、そして明日愛されると同じように、今日あなたを愛されます。たとえ主を悲しませたとしても、深淵はほかの深淵を呼びます。あなたのみじめさの深淵は、神のいつくしみの深淵を呼び起こすということを思い出してください。ああ、神さまは、この真理を本当によく私に悟らせてくださったのです。それも私たち二人のためです。苦しみ、そして自分をささげ尽くすことに非常に心ひかれます。そこが愛の終着駅のように思います。

マルグリット、一日の中に犠牲の機会はたくさんありますから、見逃さないようにしましょう。・・・神があなたの姉を取り去られたら、それはご自分が前よりもさらにあなたのものとなるためです。愛するマルグリット、永遠のためによく準備できるように、私を手伝ってください。私の生命はもうそれほど長くはないと思われます。あなたは私を真実に愛してくださっているので、すでに長い間私が生きてきたところに憩いに行ってしまうのを、喜んでくださるでしょう。私の魂のこだまであるマルグリット、あなたにこのようなことを話したい私は、きっと利己的なのでしょう。あなたを悲しませているかもしれないのですから。でも地上の朽ち果てるものより、はるかに高い世界に、無限の愛の深みに私は、あなたを連れて行きたいのです。そこは二人の姉妹の故郷であり、二人がいつも出会う場です。

マルグリット、今夕この手紙を書きながら私の心は、主のあまりにも大いなる愛で満ちあふれているように感じます。どんなときにも、特に苦しみのもっとも激しいときに、この主の愛を信じていられるように、あなたのうちに私の魂を注ぎ入れたいと思います。

・・・独りである方とともに、一人とどまるのが本当に好きです。とても幸福な隠遁者のような生活を送っています。でも無力感から免れているわけではありません。私だってよく雲隠れされる主を探さなければなりません。でもそのようなときこそ、信仰を呼び覚まします。神の現存を味わえなくても、主が私の愛を楽しんでくださることで、いっそう満足しています。

夜中、目が覚めたら、私と心をひとつにしてください。あなたを私のそばに招きたいと思います。白い壁に囲まれたこの小さな修室は、なんと神秘的で、なんと深い沈黙に浸されているのでしょう。この壁には、キリスト像のない黒い木の十字架がかかっています。この十字架は私のもの。十字架にかけられた天の花婿に一致するために、一瞬一瞬、自分をそこでいけにえとしてささげてゆく十字架だからです。

聖パウロは、「わたしは、キリストとその復活の力とを知り、その苦しみにあずかって、その死の姿にあやかり」（フィリピ３・10）、と言いました。魂が自分を無とし、自分を忘れる神秘的な死をここでは意味しています。神のうちに愛に変えられるために、次第に死んでゆくのです。マルグリット、そのためには苦しみが必要です。私たちのすべての利己心を滅ぼし、神ご自身に場をゆずらなければなりません。では、さようなら！　聖三位が小さい三つの〝ホスチア〟を祝福してくださり、その一つひとつを、三位一体の天国、聖三位の憩いの場としてくださいますように。おお深淵よ！　おお愛よ！「栄光の賛美」を奏でる私たちの竪琴の上でくり返される歌です。では、さようなら。

カルメル会入会五周年

五回目の八月二日を迎えるエリザベットは、入会の日のこと、カルメルでの幸福を思い、自分の入会に際しての母親の払った犠牲にあらためて感謝した。

愛するママ、五年前のこと覚えていらっしゃいますか。私はよく覚えています。主もまた覚えていらっしゃいます。あのときのママの心からしたたり落ちた血は、神のいつくしみの愛のはかりにずいぶん重く測られました。主はその血をカリスにお集めになりました。昨夕この最後の夜のことを思い出しました。寝つかれませんでしたので窓の側に落ち着き、夜中まで主とともに祈り、神的な夜を過ごしました。空は青く、静かで修院はまったくの沈黙に包まれていました。そして私は恵みで満たされたここでの五年という年月を思いめぐらしました。愛するママ、私に与えてくださった幸福をどうぞ悔いないでください。独りの方とただ一人とどまり、私をこんなにも魅了し天国を前もって味わえるこの聖なる住居に入ることができたのは、ママの〝なれかし（フィアット）〟のおかげです。昨晩ママがささげてくださった五年前のいけにえをあらためて主にささげました。（一九〇六年八月二日）

死期を感じて、同じように病気の母に、真剣に準備をさせるために手紙を続ける。

・・・過ぎ去り、終わってしまう地上のものを超越するのは、なんとよいことでしょう。そこではもう苦しみも別れもなく、すべてが永遠です。・・・ママ、ごミサ中マリアさまとともに十字架の下に立ち、そのすべての御旨が、愛である天の父に私をささげると言われた約束を忘れないで。

同じ日ドミニコ会師ヴァレー神父にも一筆する。

神父さま、私は絶え間なく栄光の賛美でいたいと思います。どうぞ主に願ってください。覚えていらっしゃいますか。五年前の今日私はカルメルの門をたたき、神父さまはそのとき聖なる孤独への第一歩を祝福してくださいました。今、私がたたいているのは永遠の戸です。どうぞ、御父の家の入り口に立っている私に祝福を与えてください。神父さまが私を導いてくださいました愛のかまど、三位一体に私が参りましたら、そのときには、神父さまへのご恩を決して忘れません。

「栄光の賛美の最後の黙想」

八月前半に、エリザベットは愛する妹マルグリットに一つの黙想録を書き残した。十日間からなるこの黙想には毎日二回、「生きているのは、もはやわたしではありません。キリストがわたしの内に生きておられるのです」（ガラテヤ2・20）と言えるほどに、神と一致する道についての考察を記している。フランドルの神秘家ルイスブルック、スペインの神秘家十字架の聖ヨハネ、及び新約聖書、特にヨハネ福音書、パウロの手紙をひんぱんに引用しながら、信仰のうちにすでにこの地上で天国を見つけることができるという確信を述べている。

八月十四日から三十一日までエリザベットは個人黙想に入った。

永遠の生命への準備のために被昇天の夕方から聖母と一緒に旅立ちます。この黙想は天国への修練期《ノヴィシア》となり、もし聖母が十分準備ができているとごらんになったら、十二月八日には栄光の衣を私に着せてくださるでしょうと院長さまがおっしゃったとき、私はどんなにうれしかったでしょう。ますます至福直観に魅せられていきます。もうそれ以外のことは主と私の間では問題になりませんし、彼は永遠の生命に私を準備することしかなさいません。

この黙想がエリザベットにとって、最後のものとなるだろうと感じたジェルメンヌ院長は、その間に受けた内的恵みについて、エリザベットが単純に自由に書き記すことを望んだ。カルメルの慣習で修道女の死後、ほかのカルメル会修道院に送らなければならない回状のことを院長は、このときおそらく考えていたのであろう。毎夜、苦しい不眠に悩まされ、おそろしい激痛の中で記したものを彼女は、「栄光の賛美の最後の黙想」と名づけた。

「神にかたどって創造された」(創世記1・27) 被造物の中にご自身を眺めること。これが創造主の理想であった。あたかも一点の曇りもない透明な水晶をとおして、被造物の中にご自分のすべての徳、すべての美しさの輝くのを眺められること、これこそ、まさに神ご自身の光栄の延長のようなものである。魂は神を見つめるとき、そのまなざしの単一性によって、自分を取り囲むすべてのものから離れ、特に自分自身からも離れる。すると自分の中に神ご自身の反映をいただくので、「神の栄光を悟る光」(二コリント4・6) によって輝くようになる。このような人は、まことに神のすべての賜物の「栄光の賛美」である。そしてすべてをとおして、また、もっとも平凡な物事においてさえ、「大いなる賛歌」「新しい賛歌」を歌う。それでこの賛歌は神の御心を深く喜ばせる。

主は、何ものも私の心を散らせないように、また潜心の堅固なる砦から私を追い出すことがないように、主ご自身が私の平和であることを望まれる。そしてこの平和の中で私を「御父に近づかせ」私の魂をあたかもすでに永遠のみ国に住んでいるかのように、主のみ前に安らかに、静かに保っておられるのである。キリストは、私の小さい天国が、真に聖三位の憩いの場となるように、十字架の上で流された御血によって、その中のすべてのものを静めてくださるであろう。・・・そして、ご自身で私を満たし、ご自身のうちに私を葬り、ご自身の生命で、ご自身と共に、私をよみがえらせてくださるであろう。「わたしにとって、生きるとはキリスト」（フィリピ1・21）です。

また、たとえ私が一瞬ごとに倒れても、そのたびごとに信頼に満ちた信仰をもって、主に起こしていただく。主が、私をゆるしてくださり、強い愛をもってすべてを浄めてくださることを知っている。そればかりではなく、私をさまざまなみじめさから、また主のみ業のさまたげとなる一切のものから救い出し、解放してくださるのであろう。そして私のすべての能力を支配し、これを主のとりこにし、主ご自身、それらの上に勝利を得られるであろう。そのときに私はまったく主に変化され、「生きているのは、もはやわたしではありません。キリストがわたしの内に生きておられるのです」(ガラテヤ2・20)ということができ、御父のみ前に「聖となり、汚れのないもの」となるであろう。

聖母は、強く雄々しく十字架の下に立っておられます。「見なさい、あなたの母を」と主は私に言われ、聖マリアを母として私に与えてくださいます。・・・主が御父のもとに戻られた今、「キリストの体である教会のために、主の苦しみの欠けたところを補うために」ご自分の代わりに私を十字架の上に置かれます。そのとき、聖母はなおも十字架の下にとどまって、御子のように苦しむことを私に教えられます。そして聖母のほか、誰も聞きとることのできなかった主の魂の最後の歌を私に聴かせようと望まれます。

私がいよいよ自分のすべてが「成し遂げられた」(ヨハネ19・30)と唱えるとき、私を永遠のみ国に導き入れてくださるのもまた、「天の門」である聖母マリアです。

愛の餌食

自分がカルメルで最善の処置・治療を受けていること、院長をはじめ姉妹方からよく尽くされていることを強調するやさしいエリザベットは、自分の病が治らないのは、主がいけにえとして自分を受けてくださっているからで、ベッドはその小さなホスチアをささげる主の祭壇なのだと手紙の中でくり返し述べている。

愛するママ、神ご自身、ご自分の小さなホスチアをいけにえとすることを喜んでおられます。私とともに主がささげるこのミサの司祭は、主の愛であり、ミサはまだ長い時間かかるかもしれません。でも小さないけにえは、ささげてくださる方の手の中で時間がそれほど長いとは思っていません。（一九〇六年九月九日）

二週間後、九月二十一日の母に宛てた手紙に浮き彫りにされているのは、苦しみにおけるエリザベットの喜び、それこそが愛の道であり、その幸福を愛する者たちと分かち合いたいとの深い願いである。水さえも拒絶するようになった胃の発作に、衰弱を極限までつのらせ、鎮痛剤なしに、ベッドを祭壇とみなし、そこでいけにえとしてささげ尽くされるために苦しみ続けた。机の上で書かれた苦しみについての美しい説教ではなく、それは愛によって、十字架にかけられた方の生き写しとして、生身で祭壇にささげられているエリザベット(〝神の家〟)の最後の愛の証しである。

このようにして、十字架にかけられたキリストにあやかり、その死のさまをさらに深く自分のうちに刻みこんでゆく。

私はますます苦しみに魅せられます。この望みは、今までかなり強かった天国への望みを、上まわりそうです。・・・愛するあまり十字架につけられた神を、観想する必要があります。もしこの観想が、真のものであるなら、間違いなく苦しみを愛するようになるでしょう。十字架からさしてくる光のうちに、すべての試練、いらだち、不作法を受け入れてください。このようにして、私たちは神に喜ばれ、そして愛の道

に進歩します。どうぞ私のために主に感謝してください。私は本当に幸せです。・・・この幸福の種子を私の愛する方々に少しでも蒔きたいと思います。

エリザベットが、ここまで苦しみを欲するのは、苦しみのための苦しみではなく、贖いのための苦しみでさえない。それは大いなる愛によって愛してくださるキリストの苦しみにあやかり、その愛への応えであり、その愛へと変容されて、ついに愛である神との一致に至るためである。

あなたの友達がどんなに神的な日々を過ごしているかご存じでしたら、確かに私はますます衰弱してきており、主が私を探しにおいでになるのもそれほど先ではないと思います。人の知らない喜びを今、私は味わい、経験しています。苦しみの喜び、それはなんと甘美な快いものでしょう。十字架にかけられたイエスに変容されることが、死を前にした私の望みです。それは苦しみにおいて大きな力を与えてくれます。

この神的モデルに一致すること以外の理想を、私たちはもってはなりません。もし心の目を、常に主に向けているなら、自分を考えることなく、どんなに熱心に自分をいけにえとしてささげることでしょう。十字架にかけられた御子の生き写しになるように、御父は、私をすでに定められたと考えるとき、私の心は、言いようのない幸福を味わいます。

永遠の光のもとに神は、いろいろなことをわからせてくださいます。それで神からのこととして申し上げます。どうぞ犠牲、戦いをおそれないで、むしろ喜んでくださ い。もし自分の性質が戦いの場であるならば、どうか落胆しないでください。悲しまないでください。あえて言いましょう。あなたのみじめさを愛しなさいと。そのみじめさの上にこそ神は、いつくしみの愛を注がれます。（一九〇六年十月十日）

光へ、愛へ、いのちへ

十月に入って間もないある日、エリザベットは修道服をとり替える機会を利用して、着衣の式を新たにする許可を願った。数年前、十二月八日無原罪の祝日に汚れなき聖母の服をいただき、それから一年ほどしてベールの式をしたときと同じ鉄格子の前に、十字形に平伏したエリザベットは、全身全霊をこめて生涯最後の奉献の祈りを唱えた。

このころのエリザベットは激しい衰弱にもかかわらず、たびたび聖体訪問をし、少なくとも三十分くらいの仕事の許可を願って働いていた。花をとり替えたり、周りの姉妹たちの小さな手伝いをしていた。十月二十二日に修練所の仲間の一人の志願者が、修服を受けることになったときは、その姉妹のための式用の白衣をつくりたいと自分から申し出た。骨と皮ばかりに痩せ細った体は、わずかな身動きにも、全身の気力をこめなければならないほどの状態で、真心をこめて、自分の最後の力を注いだ。「苦しんでいることを思わないで、苦しむことを望む」ことが苦しんでいる自分を忘れるギリギリの努力であった。

十月二十九日、二人の小さな姪を含めた家族との最後の面会をした。いろいろの勧めを与えた後、別れ際に母親に言った。

受付の姉妹が、私の苦しみの終わったことを知らせに行きましたら、ママはひざま

ずいて、「神さま、私にあの子を与えてくださいました。今、あなたにお返しいたします。主の聖なるみ名は祝されますように」と祈ってください。

十月三十一日、諸聖人の祭日の前日、ことのほか衰弱しきっていたので二回目の病者の塗油の秘跡が授けられた。カルワリオへの道をほとんど登りつめていることを知って、友人に次のような最後の言葉を贈った。

永遠の光のもとに人はすべてを真理に基づいてみます。神のために、神とともになされなかったすべてのことは、なんと虚しいのでしょう。すべてに愛のしるしを刻んでください。それ以外、残るものはありません。人生とは、厳粛なものです。神のうちにより深く根ざし、さらによく主の聖なる似姿にあやかり、より親密に神と一致するためにこそ、一瞬一瞬が、私たちに与えられています。神ご自身の、この計画を実現するための秘訣——それは自分を忘れることと、自分から出ること、自分を顧みないこと、主、以外の何ものをも眺めないこと、喜びであろうと、苦痛であろうと、すべてを神の愛のみ手から与えられるものとして同じように受け入れること。このようにするならば、心は、すべてのものを超越し、静かな平安に至ります。

愛そのものである神が、私たちのうちに住まわれるこの神の現存への私の信仰を、あなたに形見として残していきましょう。〝うちに〟住まわれる主とのこの親密さこそ、私に天国を前もってこの地上で味わわせ、また私の一生に太陽の光をさんさんと注いでくれたのです。そして今、苦しみのさ中に私を支えているのも、この神の現存です。自分の弱さをおそれません。むしろこの弱さゆえに神に信頼します。〝力ある神〟は私のうちに居られ、その全能の力は余すところなく発揮されますから（二コリント12・9参照）。使徒によると、その力は、「わたしたちが求めたり、思ったりすることすべてを、はるかに超えて（エフェソ3・20）それ以上のことを行われます。

あるとき、院長から、どのようにして永遠を過ごすか、リジューのテレーズのように人々を助けるために、天国から降りてくるかと尋ねられると、ただちに答えた。

「いいえ、天国に入るや否や、私は、小さなロケットのように〝私の聖三位〟のふところに突進するでしょう。そこ以外、『栄光の賛美』に場所はありません。そしてより深みへと入っていくでしょう。

そしてしばらく目を閉じ、手を組み合わせてつけ加えた。

でも、もし神さまが望まれるなら、天国での私の使命は、人々を内的潜心に誘うことでしょう。

後日十月二十八日、次の手紙を一修道女に宛てた。

私の天国での使命は、人々を自分から解放させ、単純かつ愛に満ちた動きによって、神に身をまかせるように誘いかけ、助けることです。神はご自分に身をゆだねた者の心の奥底にご自身を刻みこみ、彼の似姿へと変容させようとなさいます。それで、そのために必要な沈黙を自分のうちに深めて、そこに人々がとどまるように助けます。愛そのものである神を賛美し、愛で死ぬために愛に生きましょう。

十一月一日、諸聖人の祝日、エリザベットは最後の聖体拝領をした。朝十時ついに〝決定的瞬間〟が来たと思われ、姉妹たちが臨終の祈りを唱えるために病室に呼ばれた。虚脱状態から戻ったエリザベットは、一同のいることに気づき、罪のゆるしをみんなに願い、最後の言葉を求められた。

すべては過ぎ去ります。生涯の終わりに残るのは愛だけです。すべてを愛によって行い、絶えず自分を忘れなければなりません。自分を忘れるものを神は深く愛されます。ああ、もしも私がいつもそのようにしていたのだったら……。

死の数週間前の最後の写真。エリザベット26歳。

潰瘍でおおわれた胃は、何も受けつけなかった。三週間ほど前、司祭が聖体を授けたとき、すでにその舌は、〝火のように真っ赤〟であった。高熱のため口の中は、ますます乾燥し激しく渇くが、諸聖人の祝日以後、一滴の水も飲み込めなかった。

主は、私をご自分の苦しみに参与させることのできるものは何一つとしてお忘

れになりません。

引き裂かれるような激しい苦痛のさ中に、何度となくエリザベットは、「ああ、私たちはなんと深く愛し合ったのでしょう」と誓願の十字架上のキリストを眺めた。そのキリストの死のさまを自分のうちに刻みこむことが、死を前にした彼女の望みであった。そしてその望みを主は、確かに聞き入れられた。

それからの数日間、エリザベットの意識は、はっきりしていた。しかし充血している目は、ほとんどいつも閉じたままで、苦しみ続けていた。時折、周りの人たちを喜ばせるために口をきいた。聖体拝領は、もはやできる状態ではなかった。

でも十字架上で私は主を見いだします。そこで、キリストは、私にご自分のいのちをくださいます。

激しい発作が突如としておそった後、エリザベットは叫んだ。

おお愛よ、愛よ、私がどんなにあなたを愛しているか。どんなにあなたを眺めたいかご存じです。私がどんなに苦しんでいるかもご存じです。でも、もしあなたがまだ

三十年、四十年私が苦しむことを望まれるなら、お受けします。あなたの光栄のために私のすべてを消耗し尽くしてください。一滴ずつあなたの教会のためにしたたりますように。

その後、七、八日はほとんど深い沈黙に浸っていた。

「私は光へ、愛へ、いのちへ行きます……」

これが聞きとれたエリザベットの最後の言葉であった。

十一月八日夜から九日にかけて非常に苦しんだエリザベットは、この地上での空気は、もはや十分でないかのように窒息状態に陥り、ついに九日早朝、六時十五分「栄光の賛美」は、二十六歳の短い一生を閉じた。

第二部　愛は愛を呼び起こします

三位一体の聖エリザベットの言葉

神との親しさ

神と親しく生きる

神は私以上に、私がご自分と親しく生きることを望まれる。私に必要なことはまず「心のとびらを開いて主を招き入れる」、すなわち祈りにおいて心のとびらを開くことである。

いつも祈ってください。私が祈りと言うのは義務のように唱える祈りのことではありません。祈りは神に向かって心をあげること。この飛翔そのものです。

神に心をあげる、このような祈りは聖三位のまなざしのもとに、いろいろなことをしながらも常に神との一致に私たちをとどまらせてくれます。・・・御父・御子そして聖霊が住まわれる心の深みに沈み、そこで聖三位とまったくひとつになりましょう。

魂は祈りにおいてその力を汲む必要があります。――その深みでご自分に変容させようと待っておられ神との、親しい心と心の語らいである祈りにおいて。

私のうちに住まわれる神

キリストは、永遠のみ国においてだけでなく、すでにこの地上でご自分のおられるところに私たちがともにいることをお望みです（ヨハネ17・24参照）。というのも永遠のいのちはこの地上ですでに始まっているのですから。違いは地上では常に進行状態であるということだけです。ですから大切なことは、キリストのこの望みを実現するのにどこで主とともに住まうかを知ることです。

この地上でキリストと接した病人は、主のうちに秘められた力によって健康を、死者は生命をとり戻しました。主は確かに常に生きておられます。――すばらしい秘跡において聖櫃のうちに生きておられ、また私たちの心のうちにも生きておられます。

三位一体、それこそ「私の家」

三位一体、それこそ私たちの住まい、「私の家」、決してそこから出てはいけない父の家なのです。

聖三位がその神秘の深みに導き入れてくださるよう、あなたの心を聖三位にささげます。私たちがこれほど愛している聖三位が生活の中心となり、そこで私たちの生活が営まれていきますように。

イエス・キリストによってもたらされた三位一体のいのちを生きることは、なんとすばらしいことでしょう。主はご自分が「いのち」であり、私たちにそれをあふれるばかりに与えるために来られたことをくり返し言われました。

（近づいてきた自分の死を前に妹に宛てた霊的遺言の中で）あなたには、聖三位、「愛」への私の信仰を残していきましょう。あなたのうちの天国で、聖三位とともに生きてください。あなたと地上の間に雲を置いて、御父の力があなたを覆うでしょう。そしてあなたをまったく神のものとして守ってくださり、力を与えてくださるので、あなたは死をも辞さないほどの強い愛をもって主を愛するようになるでしょう。あなたが主の清さをまとって清く、主の光によって輝いたものとなるために、み言葉は、水晶にするようにあなたの魂にご自身の美しさを刻みこまれるでしょう。聖霊はあなたを神秘的な竪琴に変え、あなたは沈黙のうちに、神に触れられて、すばらしい愛の調べを奏でることでしょう。そしてあなたは「栄光の賛美」となるのです。これは私のこの地上での理想でした。私の死後、私の代わりをするのはあなたです。私は小羊の玉座の前で、「栄光の賛美」となり、あなたは魂の深みで。

神は私のうちに、私は神のうちに

教会に行くことも聖体拝領することもできません。でも神さまは、私のところにいらっしゃるのに秘跡を必要となさいません。秘跡を受けると同じように、主は私のものです。この神の現存とはなんとすばらしいことでしょう。心の深み、心の天国で主とお会いするのが大好きです。主は決してそこを離れられません。「神は私のうちに、私は神のうちに」――これこそわたしのいのちです。（カルメル入会前、かなりひどい骨膜炎で外出できないエリザベットの手紙）

地上に天国を見つけました

私は地上に天国を見つけました。天国とは神のことで、神は私のうちに住んでおられます。このことを悟ってから、私にはすべてがはっきりしました。それで、私の愛する人々にこの秘密を知らせたいと思います。

すでに神とともにあるのですから、天国はこの地上で始まっているのです。

「あなたは神の住まいである」という聖パウロの言葉を考えてみてください。聖三位は一日中、昼も夜もあなたのうちに住んでおられます。ご聖体のように聖なる人性はそこにはありませんが、天国ですでに栄光にあずかっている人々が拝している神はあなたの心のうちにおられます。なんというすばらしい親しさでしょう。私たちは決してひとりぼっちでないのです。神があなたのうちに住んでおられるというより、身近においでになると考えるほうがよければ、そのようになさってください。重要なことは神とともに生きることですから。

「わたしたちの本国は天にあります」（フィリピ3・20）この天、御父のこの家はほかでもない私たちの内にあります。十字架の聖ヨハネが言うように、私たちが心の深みに潜んでいるとき、そのときこそ神の内にいるのです。なんと単純で、心安らぐ事実でしょう。

イエスは人里離れた所に退いて祈っておられた　ルカ5・16

孤独と沈黙のうちに

信仰によって主と親しく生きてください。主があなたの心に住んでおられることを思い、絶えず主を友としてください。主をお喜ばせするために、私たちの生活が絶えることのない主との交わりでありますように。

今与えられている孤独を神と親しく過ごすために使ってください。体の静養のとき、心も休ませるようにしてください。子どもが母親の腕の中にとどまりたがるように、すっぽり抱きかかえてくださる神さまの腕の中で憩ってください。

実際には、私たちは神から逃れることはできないのですが、残念なことに時々、主の聖なる現存を忘れてしまいます。そして神でない物事に心をとらわれて、主をたった一人に置き去りにしてしまいます。

心が神にとらわれているとき、何ものも気を散らさせることはできません。騒音は心の表面をよぎるだけで、奥深くには主のみおいでになります。

私の中には主がお住まいになる孤独の地があります。そして誰も私からそれを奪うことはできません。

どうぞ主のうちに身を隠してください。心の奥深くに孤独の場をつくり、そこに主とともにとどまり、決してそこから離れないようにしましょう。「わたしにつながっていなさい。わたしもあなたがたにつながっている」（ヨハネ15・4）とは主の言葉です。この密室を誰も力づくで奪うことはできません。

独りである方とともにただ独り

独りである方とともにただ独りとどまる、この心地よい小さな修室に愛着しすぎているのではないかと思うときがあります。いつか犠牲にしなければならないときが来るかもしれません。そのときには、聖パウロとともに、「わたしたちの主キリスト・イエスによって示された神の愛から、わたしたちを引き離すことはできないのです」（ローマ8・39）と心で歌いながら、主のあとからどこへでもついていきましょう。私の心の深みには主が住まわれる孤独があり誰もそれを私から奪うことはできません。

私は主を見いだしました。心から愛する方を。このなくてはならない唯一の方から誰も私を引き離すことはできません。・・・沈黙して、潜心し、主を崇めていたいと思います。

主が心のうちに場所を占められるのは、「一人離れて」そこで主とともに生きるためであるのだと思い出してください。・・・世間とまったく切り離された修道生活のことを言っているのではなく、混ざりけのない、純粋な心のことです。それは神でない一切のものに覆いをし、信仰によって絶えず主と一致することを可能にします。

心の耳を澄ませて

祈るとき、たくさんの本を読んだり、何かと頭につめこもうとしたりしないように。そのほうがずっとうまくいくことがわかるでしょう。十字架をとり、眺め、心の耳を澄ませてください。

心の中で主とともに生きてください。それには自分を制することがかなり要求されます。絶え間なく主と一致しているには、すべて主にささげることを知らなければなりませんから。主の御心のどんな小さな望みにも忠実であろうとする人を、イエスのほうでも忠実に守られます。そしてご自分とその人との間にすばらしい親密さをお築きになります。主が心の深みであなたをいつも教え導いてくださいますように。主の声に細心の注意を払ってください。

念祷の沈黙のうちに耳を澄ませましょう。主こそ心の奥底で私たちに語りかけられる方です。それに、「わたしをお遣わしになった方は真実であり、わたしはその方から聞いたことを、世に向かって話している」(ヨハネ8・26)とも言われたではありませんか。・・・主のもとで、主に聞き入るために沈黙しましょう。主は私たちに伝えたいことがたくさんあるのです。あなたもこの主に心の耳を傾けたいという強い望みをおもちなのですから、その御心の歌を聞きましょう。

あなたをご自分のものとなさりたいと思われる主は、あなたの心の奥深くをご自分のための孤独の場とされ、それを愛されます。そこにこそ主を休ませてあげてください。そしてあなたも主のうちに憩ってください。主の魂、心の中で歌われているすべての歌に聴き入ってください。それは愛です。私たちを覆い、すでにこの地上からご自分の幸福に私たちを参与させたいと望まれる無限の愛なのです。

み言葉に聴き入りたいという望みをおもちになってください。私はしばしば沈黙したい思いがあまりにも強くなり、観想的魂の模範、ベタニアのマリアのように主の足もとにとどまること以外のことを忘れてしまいます。そして主のおっしゃる何ものをも聞きもらさず、私に明かそうとなさる愛の秘義の深みを極める以外のことは何もしたくないと思います。

神のまなざし、神へのまなざし

祈りには沈黙の祈り、まなざしの祈りがある。神のまなざしのもとで、信仰に生きるものの意向は清い。そのとき、平凡な行為も無限の価値をもっている。

マリア・マグダレナのように主を愛し、主のそばに沈黙し、潜心してとどまりましょう。そして一切のことを忘れて、すべてである方のみを見つめるのです。

あの情熱の人、真の光で照らされたマリア・マグダレナのように、すべてにわたって無限である方の中に身を没して進みましょう。彼女のように、昼も夜も、光にも闇にも、すべてにおいて不変の美である方のまなざしのもとに生きましょう。

すべては意向によります。意向によってもっともつまらないことさえも聖化され、日常生活のもっとも平凡な行為も神のみ前には無限の価値ある行為となります。神と一致して生きている人にとって、もっともつまらない行為も主から遠ざけるものとはならず、逆にずっと主に近づくためのものとなります。

永遠の沈黙のうちに身を沈めましょう。主に向ける単純なまなざしが、私たちをすべてのものから引き離し、主の再来を待つ私たちを、三位一体の測り知れない神秘の深みにとどまらせますように。

主を見つめましょう。単純で愛に満ちた信仰のまなざしが私たちをすべてのものから遠ざけ、雲のように私たちを地上のものからさえぎりますように。私たちの魂の奥はあまりにも豊かなのでどのような被造物もそれをとらえることはできません。主のためにすべてを主のものにしましょう。

いつでも、どこでも主とともに

どこにいても

どこにいようと、何をしようと、主とともに生きてください。主は決してあなたから離れられません。ですから絶えず主にとどまり潜心してください。あなたを助けたいと待っておられる主をいつもそこに見いだすでしょう。

どのようなときにも

悲しみ・心配事

悲しみや心配事があるとき、すべてを知り尽くし、わかってくださる主、あなたのうちに住まわれる客人《まろうど》に話しかけてください。小さなホスチアの中のように、あなたのうちにも主がおいでになることを思い出してください。あなたのうちに住まわれ、あなたの愛に渇いておられる主を、日中時々思い出してください。

心が散漫なとき

数多くの仕事で心が散漫になっても心配しないで、思い出したときいつも（もし忘れてもかまいません）神的客人のとどまられる心の密室に入ってください。そして次のような美しい言葉も思い起こしてください。

「あなたがたの体は、神からいただいた聖霊が宿ってくださる神殿」（一コリント6・19）あるいは主の言葉「わたしにつながっていなさい。わたしもあなたがたにつながっている」（ヨハネ15・4）

シエナの聖カタリナは世間のただ中でいつも修室に生きていたと言われています。それはまさに内的住まいに生きていたと言うことです。

雑事に追われて

母親として小さい天使の世話でてんてこ舞いし、またあらゆる雑事に追われているときでも、孤独に身を引いて聖霊に身をゆだねることはできます。(二人の小さい子どももをもつ妹に宛て)

大きな困難をかかえて

子どもたちを案じて、母としてのあなたの心は、どんなに多くの不安なときを経てこられたことでしょう。でもすべては神に近づくため、父なる神の腕にまったく自分をゆだねるためです。大きな困難に遭うとき、神はずいぶん遠くにおられるように思えますが、実は大変近く、つまり私たちの「内」に住んでおられるのです。

心が冷えたなら

もし心が冷え切ってしまったならば、愛のかまどである方のもとに暖をとりに行ってください。主がときに虚無感をお与えになるのは、ひとえにあなたをいっぱいに満たそうと計画されるからです。あなたの心を傷つけるすべてのものを主にささげてください。主にすべてをまかせて、あなたの心には昼も夜もあなたを決して独りにすることのない方がおいでになることを思い出してください。

喜びの中、試練の中で

おそれず、主の平和のうちにとどまってください。主はあなたを愛しておられ、母親が子どもにするようにあなたを見守っておられます。あなたは主とともにいること、そして主がこの世であなたをご自分の住まいとなさっていることを思い出してください。主はあなたの心の深みにおられ、あなたはまたそこで主をあなたのものとしているのです。昼も夜もいつでも、喜びの中、試練の中にもあなたは主をきわめて身近に、心の深みに見いだすことができます。これこそ幸福の秘訣、自分たちが神の家であることをよく知っていた聖人方の秘訣でした。

いかなる試練を経なければならないとしても、それがなんでしょう。私の唯一の宝を私の内にかかえているのですから、そのほかの一切は「存在しないもの」です。

すべてのことを

忙しくて神のために何も形にできなくても心配しないでください。仕事をしながらでも神に祈ることはできます。ただ主に話しかけさえすればよいのです。するとすべてはなごやかに、やさしくなります。なぜなら、働くのは自分一人ではなく、イエスがともにおいでになるのですから。

私はすべてを主とともに行います。すべてに神聖な喜びをもって。いたるところに私が見るのは、ほかならぬ主なのですから、掃除をするにも、働くにも、念祷のときでも、すべてがすばらしく思われます。

主がどんな仕事を望まれようと、たいして重要ではありません。主はいつも私とともにおられるのですから。主との心と心の語らいは決して絶えることがないからです。主は私の心の中にあまりにも生き生きと存在しておられるので、主を見いだすには潜心するだけで十分です。そこに私の幸福のすべてがあります。

マルタのように仕事にすべての時間をとられているときでも、心は常に愛に燃えて、マリアのように観想に浸ることができるとお思いになりませんか。渇いた人のようにいつもこの泉のそばにとどまるのです。

信仰に生きる

「わたしにつながっていなさい。わたしもあなたがたにつながっている」（ヨハネ15・4）と主は私たちの内にご自分が住まわれることを明かされます。ヨハネはその書簡の中で、聖三位一体と交わるように勧めています（一ヨハネ1・3）。この言葉はなんと単純で、すばらしいのでしょう。信じるだけで足りるとパウロは言います。神は霊であり、神に近づくには信仰によるのです。

主がベールをとりのぞいてくださり、私の魂が主のもとに身を投じて、永遠のうちに顔と顔をあわせてその美を観想できるなら、どんなに幸福でしょうか。それを待つ間、信仰によって見いだせる心の中の天国で生きましょう。そしてこの地上ですでに「栄光の賛美」となって私の主をお喜ばせしましょう。

雲隠れする主を探す

カルメルで私たちがどれほど信仰によって生きているかご存じですか。想像力や感情は、神との関係においてはまったく問題になりません。

主とともに孤独にとどまるのが大好きです。本当にすばらしい隠遁者のような生活を送っていますが、無力感から自由であるわけでもありません。私もよく雲隠れする主を探さなければなりません。でもそのようなときこそ、信仰を呼び覚まし、主の現存を味わえなくても、主が私の愛を楽しんでくださることを信じて、いっそう喜んでいます。

心の深みに私たちはいつも主を見いだします。たとえ、主の現存がもはや感覚でとらえられなくても、主は同じようにそこにいらっしゃいます。おそらく（感じられたときより）もっと近くにおいでになります。

神はいつもあなたの心の深みにおいでになります。その存在を感じることができないときでも、そこで主はあなたを待ち「すばらしい交わり」をもつことを望んでおられます。

主の時を待つ

私たちはたびたび自分の考え、計画を推し進めるので、それだけしか見えなくなることがある。しかし、信頼のうちに主の時を待つことを学ぶ必要がある。

神の考えはあまりにも深く、人間の考えとは違います。主の時を待つことを学びましょう。私たちの信仰をできるだけ主の愛の高さまで成長させましょう。

神は時々私たちに待つことをお望みになります。しかし、私たちが主を深く愛し、全き信仰と信頼のうちに懇願しますと、主はもう何も拒むことがおできになりません。

(カナのぶどう酒、ラザロの復活のときのように)

人々は待つことを知りません。もし神がご自分を感覚に触れる形でお与えにならなければ、主の聖なる現存を離れ去ってしまいます。ですから主があらゆる賜物とともに来られるとき、一人も見いだすことがおできにならないでしょう。人々は心の外に出、外界の事柄にとらわれて、もはや心の深みに生きていないからです。

私たちの天国を闇で覆ってしまう夜のことは気にしないようにしましょう。私たちは自分の中に神がおられるのですから。もし主がお望みなら、主の側近くで休みましょう。そして心を落ち着け静かにし、主を目覚めさせないようにして、ただひたすら信仰のうちに待ち続けましょう。エリザベットとオデット（妹の子どもたち）が愛するお母さまの腕の中にいるとき、太陽が照っているか、雨が降っているか、それほど心配しないでしょう。子どもたちにならって、同じような単純な心で神の腕の中に生きましょう。

神の愛を信じて

心の表面を通りすぎていくものは、それほど重要ではありません。私たちは心の内に住んでおられる愛する方を信じているのですから。

かつてユダヤ地方の病人たちが主のもとに集まってきたように、私たちの体と心のみじめさをすべて主のところにもってゆきましょう。「隠れた力」（ルカ6・19参照）が主の内から出るでしょう。たとえ、私たちがその力を感じなくても、愛そのものである主のわざを私たちは信じているのではありませんか。

信仰の喜び

「あなたがたは、キリストを見たことがないのに愛し、今見なくても信じており、言葉では言い尽くせないすばらしい喜びに満ちあふれています」（一ペトロ1・8）

神の現存、私たちのうちに住まわれる愛そのものである神に対する私の信仰をあなたに残していきましょう。（エリザベットは自分の死を前にして）私が天国をすでにこの地上で味わっていたのは、また私の一生に太陽の光がさんさんと注いでいたのは、「心の深みに」住まわれる神とのこの親しさからのものでした。

希望に生きる

自分のみじめさに落胆しません

いまだかつて自分のみじめさをこんなに感じたことはありませんし、悟ったこともありません。でもこのみじめさに落胆しません。むしろ神へと向かうために役立てます。

私たちはあまりに自分ばかりを見つめすぎます。見たいとか、理解したいとか望むことはあっても、愛で私たちを包んでくださる方には十分な信頼をおきません。

大いなる愛をもって愛してくださる神にすべてをまかせ、ゆだねてください。平和と幸福の秘訣、それは自分を忘れること、自分のことをかまわないことです。と言っても肉体的、精神的弱さを感じないことではありません。事実、聖人方も大変苦しい状態を体験されました。しかしその状態には生きていなかったのです。絶えずそのような状態を離れ去り、ぬきさしならないように思えたときにも驚きませんでした。

心の深みで神との親しさに生きることはあまりにもみじめな自分には向かないなどとおっしゃらないでください。なぜなら、まさにみじめであるがゆえにこそ私たちを救おうとされる方のもとに行くべきなのですから。私たちが浄化されるのは、自分のみじめさを見つめてではなく、清さ、聖そのものである方を眺めることによってです。

私の不完全さを主が補ってくださることを思うとき、得も言えない平安が心を満たします。絶え間なく倒れてしまうとしても、主はそこにおられて、私を起こし、ご自分の深みに私を連れて行ってくださいます。

体の重みを感じ、心が疲れているときには、あまり落胆しないでください。「疲れた者、重荷を負う者は、だれでもわたしのもとに来なさい。休ませてあげよう」（マタイ11・28）と言われたその方のところに、信仰と愛によって行ってください。精神面に関しては、自分のみじめさ、弱さで打ちのめされないように。

聖パウロの言葉に、「罪が増したところには、恵みはなおいっそう満ちあふれました」（ローマ5・20）とあります。世界でいちばん弱い人、またいちばん罪深い人こそ、いちばん希望し得る人なのです。自分の弱さ、罪を叫明し、そこにとどまっているよりは、むしろ自分を忘れ、神さまの腕の中に身をゆだねるとき、その人はより大きな喜びと栄光を神に帰することになります。心の深みに、絶えず自分を浄めようとしてくださる救い主がおられるのですから。

私たちは本当に弱い者です。みじめさ以外の何ものでもありません。けれども主は、それをよくご存じで、喜んでゆるし、立ち帰らせようとなさいます。それだけでなく、ご自分のうちに、その純粋・無限の聖性の内に私たちを連れ去ってくださいます。このようにして、主はご自分との絶え間ない交わり、神的接触によって私たちを浄めてくださいます。

絶え間ない交わりによって、主だけが弱さ、あやまち、心を動揺させるすべてのことからあなたを解放してくださるのです。「わたしは、世を裁くためではなく、世を救うために来た」（ヨハネ12・47）と言われたではありませんか。何ものもあなたが神へと向かうのに障害となるものはありません。

熱心であるか、気落ちしているかあまり気にしないように。それはこの地上にある者の宿命なのです。でも主は決して変わることのない方であり、ご自分の方に引き寄せ、主の内にしっかりと居を定めさせようと、常にやさしくあなたのほうに身をかがめておられると信じてください。

私たちの神はご自分のすべてに私たちをあずからせ、ご自分の姿に変容させたいと渇望しておいでになります。ですから信仰を目覚めさせて、主が魂の奥深くにおいでになることを思い起こしましょう。

私たち自身は無、そして罪です。主お一人、聖でおられます。私たちを救い、浄め、ご自身のように変容させるために、私たちの内に住まわれます。聖パウロが次の崇高な言葉をもって挑んだのを覚えていらっしゃいますか。

「わたしたちの主キリスト・イエスによって示された神の愛から、わたしたちを引き離すことはできないのです」（ローマ8・39）

いつくしみの深淵・みじめさの深淵

永遠の光のもとに神はいろいろなことをわからせてくださいます。（死を目の前にひかえて）それを神からのものとして言いましょう。

どうぞ犠牲・戦いを恐れず、むしろ喜んでください。もし自分の性質が戦いの対象であるならば、どうか落胆しないでください。悲しまないでください。あえて言いましょう。あなたのみじめさを愛しなさいと。そのみじめさにこそ神はいつくしみの愛を注がれます。神のまなざしにあっても、あなたが自分を閉じ込めてしまうような悲しみに陥るようでしたら、それは自己愛以外の何ものでもありません。

ひどく落ち込んでしまうようなときには、あなたの師の祈りのうちに隠れ家を見いだしてください。確かに十字架上で、主はすでにあなたをごらんになり、あなたのために祈っておられました。これこそは、御父のみ前に永遠に生きている祈りであり、みじめさからあなたを救う祈りです。自分の弱さを感じれば感じるほど、信頼はより深まらなければなりません。あなたが拠り所とするのは主だけなのですから。

あなたの愛の辞書から「失望」という言葉を消してしまわなければなりません。あなたの弱さ、押し寄せる困難を感じたり、主がますます隠れてしまわれるように思われるときは、むしろもっと喜んでください。そのときこそ、主に何かをさしあげられるのですから。それに愛するときには受けるより与えるほうがもっとよいのです。神は聖パウロに「わたしの恵みはあなたに十分である。力は弱さの中でこそ十分に発揮されるのだ」(二コリント12・9)と言われました。私たちが感じること、それは重要ではありません。

神は決して変わることのない方です。昨日愛したと同じように、そして明日愛されると同じように、今日あなたを愛してくださいます。たとえ主を悲しませたとしても、深淵はほかの深淵を呼びます。あなたのみじめさの深淵は、神のいつくしみの深淵を引きつけるということを思い出してください。

(「天におられる御父が、ご自分に求められる者によいものをくださらないことはない」との信頼をもって、困難、苦しみにおいても常に御父の愛に希望する)

私はまだ若い(二十二歳)のですが、時々ずいぶん苦しみました。すべてが混乱していたとき、「現在」は非常につらく、「未来」はなお暗く感じられたとき、目を閉じ、天の御父の腕の中に安らぐ子どものように自分をゆだねました。

(試練のうちにある一夫人へ)おそろしいほどの空虚感に陥っていらっしゃることの悲しむべきときに、神はあなたに無制限の委託と信頼を要求しておられるように思われます。それは神があなたの心の内にご自分を受け入れさせるために、もっと大きな可能性、ある意味で神ご自身のように無限とさえいえる可能性を掘られるからだと思ってください。

愛に生きる

主に愛されている

シエナの聖カタリナが心の沈黙の中で好んで反すうした次の言葉を私たちもくり返しましょう。「私は主から求められ、愛されている」、これこそ真実であり、ほかの一切は虚無です。

私があなたにお伝えできることは、あなたは主から愛されている、大変愛されているということです。主はあなたをご自分のものとしたがっておられます。主はあなたの心に対して、聖なるねたみ、天配としてのねたみをおもちです。このことを一人になったとき、いつも心にとめておいてください。愛があなたの庵となりますように。

愛は愛を呼ぶ

神からかけがえのない者として愛されていることを自覚する者は、その愛の要求をも感知する。「神は私の愛を待っておられる」、愛は愛を呼ぶ。

愛そのものである神が世間のただ中にあるあなたの不変の住まい、修室、庵となりますように。神は至聖所にお住みになるようにあなたの心の奥深くに住まわれ、すべてを越えて愛されることをいつも願っておられることを思い出してください。

魂は神を映し出す水晶のようだというアビラの聖テレサのたとえが大好きです。回廊に太陽の光線が射し込むのを見ると、神はこの光のように主のみを探し求めているものに入っていかれるのだと思います。ですから私たちの愛する方と親しく生きましょう。そして主がまったく私たちのものであるように、私たちもまったく主のものとなりましょう。

愛は愛を呼び起こします。聖パウロが語り、私の心もその深みを探ろうと望んでいる愛の知恵を授かること以外私は神に何も願いません。

日々の生活で、どのように具体的に愛で応えるのか

神は必要な恵みをくださいます。日々の生活の中での小さないらだち、不快にあたって、すべてを耐え忍ばれた主を眺めるのは、本当にためになります。聖パウロが言うように、主は私たちをあまりにも「大いなる愛」で愛されました。ですから主のそのような愛がわかると愛に愛で応えることに渇きます。

カルメルでも日々の小さな犠牲にはこと欠きません。けれども心が愛でまったくとらえられているとき、それらすべてはもはや不快なものとはなりません。少しばかり疲れを感じるとき、私がどのようにするかお教えしましょうか。まず十字架にかけられた方を眺めます。キリストが私のためにそこまで身をまかせられたことを考えますと、私自身主のために自我を乗り越え、この肉体を使い果たし、主が私のためにしてくださったことにほんの少しでもお返しすること以外何もできないように思われます。

生きているのは、もはやわたしではなく

「生きているのは、もはやわたしではありません。キリストがわたしの内に生きておられるのです」（ガラテヤ2・20）

愛の重みは完全な自己忘却、エリザベットのいう神秘的死へと導く。

心と心を通わす念祷は決して途絶えることがありません。というのは愛において、もはや自分は自分のものではなく愛する方のものであり、自分に生きるよりも愛する方に生きるのですから。

できるかぎり自分のことを忘れてください。これは平和と幸福の秘訣です。「私についてのことは関心がない。しかし神についてのことは大いに関心がある」とは聖フランシスコ・ザビエルの言葉です。このような完全な自己解放に達した人は、幸いな人です。真実に愛することを知っていますから。

愛が真実であるためには、犠牲をともなうということを忘れないでください。「わたしを愛し、わたしのために身を献げられた神の子」（ガラテヤ2・20）、これが愛の奥義です。イエスに対する愛を証しするためには、兄弟の幸福のために自分を忘れ、義務を誠実に果たし、自分の決意に忠実でなければなりません。

観念よりも意志によって生きてください。もしも自分の弱さを感じるなら、主はあなたがその弱さをもとに意志によって行動することをお望みです。そしてその意志の行為を、主の心までとどき、やさしくその心を震わせる愛の行為と同じように主にささげてください。

おそらく自分を忘れることはむずかしいようにお思いになることでしょう。気になさらないでください。でもそれは簡単なことなのです。・・・私の秘訣をお教えしましょう。自分のうちに住まわれる神に心をとめてください。あなたはその神の住まいなのです。このように表現したのは聖パウロですので、真実だと認めることができます。

主をすばらしい連れ合いとして生きる習慣が徐々にできてきますと、愛である神がとどまる場と定められた天国を自分自身のうちにもっていることがわかってきます。するとそれはちょうど神的空気を呼吸しているようです。

自分を忘れるということは、健康のために養生をしないという意味ではありません。養生はむしろあなたの義務であり、もっともよい償いですから、何ごとが起ころうと「ありがとう」と神にお礼を言って大いなる委託の精神をもって実行してください。

いらいらしたり、愛に反する言葉を言いたくなったとき、主の方に心を向け、主を喜ばせるために、この自然に起こる感情の動きを無視しましょう。それは主にささげ、主のみに知られる大きな自己放棄です。そのような機会をむだにしないようにしましょう。

聖なる人とは、常に自分を忘れ、自分を顧みることなく、造られたものにまなざしを向けず、愛している方の中にまったく姿を消してしまうので、聖パウロが言う次のような人だと言えます。「生きているのは、もはやわたしではありません。キリスト

がわたしの内に生きておられるのです」（ガラテヤ2・20）

このような変容に達するには、確かに自我を抑制していかなければなりません。でもおそれることはありません。あなたは十字架にかけられた方を愛しているのですから、自分をささげることも愛しているはずです。その方をよく見つめてください。信頼して、あなたの心を彼に開いてください。そしてあなたは主をひたすら愛したいのにあまりにも小さな者なので、主のほうであなたの内で一切のことをしてくださいと願ってください。神の小さな子どもとしてとどまり、いつも身をゆだねて、神の愛の内に憩っていることは大変すばらしいことです。

愛の特徴は、決して自分のために求めず、自分のために何ものをも貯えず、愛するものに一切を与えてゆくことです。

「愛は、自分の値打ちなど顧みず、愛するものが高められ、成長することを切に望む。

その尺度は尺度のないこと」と聖アウグスチヌスが言っています。神が尺度のないこの尺度で、すなわち「豊かな栄光」（エフェソ3・16）に従って、あなたを満たしてくださいますように。「生きているのは、もはやわたしではありません。キリストがわたしの内に生きておられるのです」（ガラテヤ2・20）と使徒パウロをして叫ばせたこの幸いな底のない淵に自分を見失うまで、主の愛の重みがあなたを導き沈めますように。ここにこそカルメリットとしての私の理想があります。きっと司祭としてのあなたの理想でもあり、特にキリストの希望でありましょう。

自分にもはや目を向けず、自分から出て、他者へと向かう愛は種々の感情・感じなどにとどまることなく、さらに高みへと向かうのです。愛は自らを与え、自らをゆだねて愛する方と一致します。

（エリザベットは自分の「いのちの夕べに」すべてを永遠の光、真実の光のうちに眺め、

亡くなる十日前に次の言葉を残した）

すべては過ぎ去ります。いのちの夕べに残るのは愛だけです。すべてを愛によって行い、絶えず自分を忘れるように努めることは大切です。自分を忘れ、空にするとき、神はそこにご自分の愛を注がれます。私もいつもそのようにしていたのでしたら。

愛にゆだねる

愛に生きるとは、愛について美しい考えをもつことではなく、神の愛に心を開くことであり、身をゆだねてゆくことである。その愛なる神は私のうちに住まわれる。

常に主とともにいるということを思い起こして、自分の愛する方と一緒にいるように振る舞ってください。とても簡単なことです。美しい考えは必要ではありません。ただ心をすべて主に向けて聞くことです。

愛してください。常に愛し、愛に生きてください。つまり愛に身をゆだね、愛である主のなされるままになってください。

この愛する神的な方に身をまかせ、ゆだねます。自分が信頼しているのがどのような方か知っていますので、心は安らいでおります。主はなんでもおできになるので、ご自分のなさりたいようにすべてのことをととのえられます。神がされようと思うことをやりとげ、神が望むことだけを望み、一つのことだけを神に願います。——全霊を尽くして神を愛すること、真の愛、強い愛、寛大な愛をもって愛することです。

真実に愛しましょう

「愛の行きつくところは犠牲」

私たちが愛において真実であるように主にお願いしましょう。私たちがいけにえそのものとなるように。いけにえとは、愛が行動に具現したものだと思います。

諸聖人が常に自分を無とし、蔑視し、心の深みに苦しみを望むほどの愛に私たちが到達するためには、愛するがゆえに十字架にかけられた神を長い間黙想し、その方との絶え間ない交わりによって、その方から湧き出るめぐみを受け入れる以外にないと思いませんか。

愛の行きつくところには犠牲であることを思い出してください。

「神のみ旨は日々の糧」

愛すること、それは主の御旨にすべてをゆだねることです。キリストご自身、御父の御旨に身をゆだねられたように。

私たちもまた神の御心にかなうことをいつも行って、愛の証しをしましょう。そうすれば、神は私たちを放っておかれることはありません。虚無であり、罪人でしかない私たちを救い、浄め、ご自分自身に変容させようと、聖そのものである主ご自身は私たちの深みに住まわれ、私たちの忠実さそのものとなってくださいます。

主の魂からほとばしり出た最後の愛の歌、最後の晩餐のすばらしい別れのあいさつの中で、キリストは次の美しい言葉を御父に向けられました。

「わたしは、行うようにとあなたが与えてくださった業を成し遂げて、地上であなたの栄光を現しました」（ヨハネ17・4）

「わたしの食べ物とは、わたしをお遣わしになった方の御心を行い、その業を成し遂げることである」（ヨハネ4・34）とイエスが言われたのは、その秘訣を私たちにくださったのです。ですからどうぞ、このすばらしい師の御旨を果たし、一つひとつの喜びと同様、一つひとつの苦しみも主から直接くるものとして受けてください。すると日々の生活で、主を絶え間なく拝領することになるでしょう。一つひとつの事柄が、神をいただく秘跡のようになるからです。これはまったく真実のことです。・・・神はすべてのことにおいて全的であり、すべての事柄は神の愛を少しずつとき放っているものでしかないからです。ですから、耐えるのが日常にむずかしい苦しみや、落ち込んでいる状態においてでさえ、神に栄光を帰することができるとおわかりになるでしょう。

すべてに愛のしるしを刻む

主は私のうちにおられ、私は主のうちにおります。私には主を愛する以外何もなく、ただ愛に身をまかせるだけです。いつもそしてあらゆることにわたって愛の中に目覚め、愛の動きに同化し、愛の中にまどろみます。魂は主の魂に、心は主の心にとどまり、まなざしは、主のまなざしに重ねられています。

主の喜びとなるために聖なる者になりたい。・・・愛のみに生きるように願ってください。そして私たちの日々が絶え間ない神との一致となりますように一緒に心を合わせて励みましょう。

朝、愛のうちに目覚めましょう。一日中神のまなざしのもとに、神とともに、神の内に、神のためにだけその御旨を果たして愛に身をゆだねましょう。主が望まれる形で、あなたにとっては愛するご両親の喜ばれることを献身的にすることによって、常に自分を与えていきましょう。心の深みで決して途絶えることのない愛の語らいの後に夜が訪れるとき、その愛にとどまって眠りにつきましょう。人の短所・不忠実に出会ったときは、その一切を愛にささげましょう。……神の愛を私たちの浄めの場といたしましょう。・・・私もまたあなたのために愛を願います。この言葉はすべての聖性をそのうちに秘めているように思われます。

永遠の光のもとで人はすべてを真理に基づいて見ます。神のために、神とともになされなかったすべてのことはなんと虚しいものでしょう。すべてに愛のしるしを刻んでください。愛以外、残るものはありません。人生とは厳粛なものです。神のうちにより深く根ざし、キリストにますます似た者となり、一致がより深くなるためにこそ、一瞬一瞬が私たちに与えられています。神のご計画を実現するための秘訣——それは自分を忘れること、主以外の何ものをも眺めないこと、喜びであろうと、苦痛であろうと、神の愛からのものとして同じように受け入れること。このようにするならば心は静かな平安に至ります。

愛への渇き

無限のものに対する渇きと愛への深い望みを、主は私の心にお置きになりました。この渇きを癒すことができるのは主以外にありません。小さい子が母親のもとにかけ寄るように私は主のもとに参ります。そこで主がすべてを満たし、すべてに浸透し、私をとらえて、腕の中に運び去ってくださいます。主に対しては非常に単純でなければならないと思います。

一切のものから離脱して心を空にしましょう。主のみ存在するように。もはや私たちが生きているのではなく、主が私たちのうちに生きているというように。十字架のもとにとどまるとき、被造物の虚しさは、神への限りない渇きとなって感じられます。神は泉なのですから。愛する方のそばへ、渇きを潤しに参りましょう。主のみ私たちの心を満たすことがおできになるのです。

ベールがついにとりのぞかれ、かけがえのない方として私たちが愛しているその方に直接お会いするときまで、愛のうちに生き、愛のうちに浸り、そこに姿を隠して待ちましょう。愛は無限であり、この無限なものに私は飢えています。

主のうちに愛する人々を見いだします

エリザベットの無限なものに対する渇きを癒すことができるのはキリスト以外にない。愛への深い望みをもって「主のみ」とキリストへ向かうエリザベットの心の奥底には、そこに住まわれる神のうちに人々への愛が広がり、また凝集している。「私

たちはキリストのものであり、キリストは神のもの」（一コリント3・23）との聖パウロの言葉がこだましている。キリストのうちに愛する人々を見いだし、そこで出会い、祈りが彼らとの心の絆をつなぐ。

祈りは心と心をつなぎます。神の近くにいるとき、私の愛するすべての方々のことを主にお話しするのは、なんとすばらしいことなのでしょう。主のうちに愛する人々を見いだします。……あなたも私のことを少しイエスさまにお話ししてください。

私たちと主の絆はとり消すことのできないもので、その主に祈るとき、あなたを忘れることは決してありません。私の心がどのくらいあなたの心と結ばれているか知っていただけたなら。

神を中心として生きる者にとって別離はありません。

私のすべてをとらえた方は全き愛であり、その主のすべての動きに自分を同化しようと私は努めています。ですから主の「心」をもってあなたを愛し、あなたのために祈っています。

恵みによって、すでに私たちが住んでいる神のいのちの奥底に、何ものも私を引き出すことのできないほど深く自分を沈めていたいと思います。そこにおいてこそ、あなたとお会いするのです。私たちをこんなにまで神的に愛してくださるその方と心を一つにして礼拝するために、これ以上の言葉を慎み沈黙に浸りましょう。

愛する者にとっては距離もなければ別離もないとお思いになりませんか。これこそ「彼らが完全に一つになる」(ヨハネ17・23)というキリストの祈りの実現です。地上の人々は信仰によって、そして至福直観の光栄にあずかっている人々はその神的光のうちに、自らを与えられる神、御父と一致しているのですから、私たちはみな身近に存在しているのだと思います。そうです、同じ方が私たちの内におられるのです。

まったくの信頼をもって主にゆだねることはなんとすばらしいことでしょう。母親の腕にいる小さな子どものように主の愛の中で憩ってください。この不動の住まいの中でこそ、あなたと再びお会いしたいと思います。

苦しみこそ最大の愛の証し

神とともに絶え間なく生きる孤独においてすべてを神の光のもとに見ます。これこそ唯一の真の光です。苦しみはどのような形をとろうと、主が被造物にお与えになることの愛の最大の証しであることをこの主の光は明らかにしてくれます。

私はますます苦しみに魅せられます。この望みは今まですでに強かった天国への望みを上まわりそうです。苦しみは神が被造物に与えることのできる愛の最大の保証であるということを、主は今ほどよく私に悟らせてくださったことはありません。おわかりになりますか。新たな苦しみのたびに主の十字架に接吻して言います、「感謝します。私にはいただく値打ちがありません」と。なぜなら、苦しみこそ主の一生の伴侶でしたが、御父が御子をあつかわれたように私があつかわれるのは畏れ多いことだと思うからです。

十字架からさしてくる光のうちに、すべての試練・いらだち・不愉快な事柄を受け入れてください。このようにして神を喜ばせ、そして愛の道に前進します。

天国の人々がもし何かうらやむものがあるとすれば、それは苦しみでしょう。この宝は神の心を動かす有効なテコです。愛する方に自分を与えていくことは喜びではありませんか。十字架はカルメルの遺産です。「苦しみか、死か」と大聖テレサは叫びました。主が十字架の聖ヨハネに現れて、主のために忍んだあらゆる苦難の報いとして「何が欲しいか」と尋ねられたとき、聖人は「主よ、あなたのために苦しみ、かつあなどられることを」と答えました。苦しみに対するこの情熱を、私のために願ってください。

苦しむことによって、愛する方に何かをさしあげることはなんとすばらしいことでしょう。今まで決してこれほどよく理解したことはありませんでした。十字架のもとでこそ、主の花嫁となる自分を感じます。あらゆる闇や苦しみが私をすべてである方と結びつけるためにすべてのものから引き離し、また主との一致に至るために浄化してくれます。

苦しむこと、自からをささげることに非常に心ひかれます。そこが愛の終着駅のように思います。

愛に変えられる

愛である神は常にご自分の生命を注ぎ、その愛の火によって私たちを神化することを望んでおられる。「神となる」、この愛によって愛に変えられることこそエリザベットの望みであった。

不変の美である方のまなざしのもとに、常に生きようとする私たちを、その方は魅了し、ご自分のものにしてしまおうとなさいます。それだけでなくさらに私たちを神化させようと望まれます。「神となる」これこそ私の望みのすべてです。

私たちを神化するために、神は愛のすべてを私たちに傾けて、夜となく昼となくご自分のいのちを注ぎこもうとしていらっしゃいます。

私たちの内から神以外のものをなくしてしまいましょう。すると主はご自身である永遠のいのちを与えるために急いで来られます。

キリストの人性の延長

「神がわたしたちを愛して、わたしたちの罪を償ういけにえ」（一ヨハネ4・10）として遣わされた御子の人性の延長となることによって、主の救いのみ業に私たちも参与する――特に主の受難の延長として苦しむときに。エリザベットは、キリストの十字架上の死に愛の極致を見る。彼女にとって「愛の変容」とはキリストの死を身におび、十字架にかけられたキリストに変容することであった。そしてこれこそエリザベットの深い望みであり、この望みは、彼女のうちについに実現することになる。

キリストの人性の延長となりましょう。すると主は、ご自分のすべての奥義をそこにおいて新たになさいます。御父を礼拝する御子、私たちを償い救ってくださる主として私たちの内にお住まいくださるように主にお願いしました。

相変わらず主は、神経痛で苦しんでいるあなたを十字架にかけておられるようですね。聖パウロは「今やわたしは、あなたがたのために苦しむことを喜びとし、キリストの体である教会のために、キリストの苦しみの欠けたところを身をもって満たしています」（コロサイ1・24）と言いました。あなたもまた、いわばキリストの人性の延長なので、あなたのうちで主はご受難の延長として苦しまれるのです。

それであなたの苦しみは、まことに超自然的なものです。このようにして、あなたはどんなに多くの人々を救うことができるのでしょう。活動による使徒職の上に、あなたは苦しみの使徒職をも果たしているのです。後者は前者に対して多くの恵みをもたらすに違いないと思います。

お母さま、主はご自分の贖いの偉大な業に参与させるために、あなたの胎内の実である娘を選ばれ、私の内でご自分の受難を延長して苦しまれています。それを思えば、あなたの母の心は、どんなに大きな神的喜びにふるえることでしょうか。キリストは私をとらえ、ご自分の人性の延長となるように望まれているのです。このようにして御父の栄光のために、主はまだ苦しまれ教会の必要に応じて助けられるのです。

（エリザベットを死へと導く病気による苦しみを案ずる母親に宛て）神のみ業を魂に完成するために、どれほど苦しみが必要かご存じでしょうか。神は私たちを恵みによって富ませたいという果てしない望みをおもちです。けれど私たちのほうがそれに限度をつけてしまいます。・・・主はご受難の時を「私の時」と呼ばれました。そのときのために主は来られ、そのときを心から望まれました。大きな苦しみか、小さな犠牲がやってきたら、できるだけすぐに「これこそ私の時」と思い起こしてください。そのときこそ私たちは聖パウロの言う「私たちをあまりにも愛された」方への愛を証しできるのです。

白い壁をめぐらしてこの小さな修室は、なんと神秘的で、なんという沈黙に浸されているのでしょう。この壁にはキリスト像のない黒い木の十字架がかかっています。この十字架は私のもの。十字架にかけられた天配に一致するために、絶えず自分をそこでいけにえにしなければならない十字架です。聖パウロは「わたしは、キリストとその復活の力とを知り、その苦しみにあずかって、その死の姿にあやかり」（フィリピ3・10）と言いました。魂が自らを無とし、自らを忘れるという神秘的な死をここでは意味しています。神のうちに変容されるために、神のうちに死にゆくのです。そのためには苦しみが必要です。私たちのすべての利己心を滅ぼし、神ご自身に場をゆずらなければなりません。

送ってくださった聖パウロの言葉（フィリピ3・10）は本当に好きです。この言葉は祭壇となったこの小さなベッドの上に横たわる私のうちに実現しているように思います。この祭壇で私は愛に身をささげているのです。どうぞ私が日々、より完全に愛する方に似た者となりますよう願ってください。キリストの死の姿にあやかることが常に私の心から離れず、苦しみのときには心に力を与えてくれます。私の存在のうちにどんな破壊の業を感じているかをご存じでしょうか。すでに始まったカルワリオへの道です。

キリストのご受難に心を奪われています。主が私たちのために魂と体の内に忍ばれたすべての苦しみを思うとき、それらを全部お返ししたい望みにかられます。主の苦しみのすべてを苦しみたいとさえ願っています。苦しみそのものが好きだというのではありません。そうではなく苦しみによってこそ、私の愛である方の似姿となることができるからです。私の心はそのために本当に穏やかな平和、深い喜びを覚えます。こうしてすべて自分の意志に反するもののうちにも自分の幸福を見いだすようになります。

あなたの魂のうちにもう一人のご自分を眺められるまでにみ言葉がご自身の美しさ（愛のうちに愛によって苦しまれる姿）をあなたのうちに刻んでくださいますように。

聖霊はすべてを究める

「〝霊〟は一切のことを、神の深みさえも究めます」（一コリント2・10）
私たちにとって大切なことは、聖霊「愛のかまど」に浸り聖三位との交わりに生きることである。

聖パウロは「神の霊以外に神のことを知る者はいません」（一コリント2・11）と言います。ですから私の黙想のプログラムは信仰と愛によって聖ヨハネの言う「聖なる方から油を注がれている」（一ヨハネ2・20）にとどまることになるでしょう。というのも霊のみが「神の深みさえも究める」からです。私が「神の聖霊」（エフェソ4・30）を悲しませることなく、聖霊が私の心にあらゆる恵みの賜物を注いでくださいますようお祈りください。

自分をまったく神にゆだねきったものは、自分の内にまだなされなければならない破壊や、剥脱を考えるよりは、むしろ自分の内に燃えている愛のかまどの中にひたすら浸っていようとします。この愛のかまどは、聖三位のうちで御父とみことばとを結ぶ愛、聖霊にほかなりません。生き生きとした信仰によってその中に入るのであり、一切の事柄と感覚的ななぐさめとを超えて聖なる闇のうちに運ばれ、やがて神の似姿に変化されるのです。これこそ聖ヨハネのいう聖三位との交わりに生きること、三位一体とともに生きることであり、ここに観想的生活があります。

私が潜心しひきこもるのは、聖霊のお住みになる心の奥底です。「一切のことを、神の深みさえも究る」愛の霊があなたにご自分を満ちあふれるばかりにお与えになり、あなたの心を光で照らしてくださるよう願いましょう。

愛である聖霊が、その愛の激しい炎によってあなたの心を、聖三位が歓喜される小さなかまどとしてくださいますように。

燃える愛の火、聖霊よ、どうか私の魂の中に聖言の一つのご託身を行ってください。私が主のご人性の延長となり、主が私のうちにその奥義を新たに生きることがおできになりますように。（三位一体の祈りより）

聖三位

移り変わり、過ぎ去るすべての「在らざる」ものの内にあって常に「在るもの」である聖三位の内に、小さな「神の家」(「神の家」＝エリザベット、ここで自分自身をさしている)が引き寄せられ、すみずみまで満たされますようにお祈りください。もはや私が生きるのではなく、私のうちに主が生きておられるように。このような主との一致が心の奥底で日々深まっていきますように。ここにこそ聖性の秘訣があるように思われます。決して複雑なことではありません。

一緒に感謝の賛歌を歌いましょう。そして私はあなたの全存在を包み込まれる神秘を崇拝するために黙します。「輝かしい恵み」(エフェソ1・6)を輝き出させるためにあなたに身をかがめておられるのは、御父・御子・聖霊の聖三位でいらっしゃいます。

水晶の中に輝き出るように、聖三位が私の心にご自分をお写しになれるよう清く、透明でありますように。聖三位はご自分の美しさを人の心の中に眺めることがお好きです。それによって、さらにご自分を与え、愛と一致の偉大な神秘を行われるために、さらに多くの賜物を携えて来られます。

十字架の聖ヨハネは次のように言っています。聖霊が魂をすばらしい高みにまであげられると、神の内に愛の息吹を生じるようになります。その愛の息吹は、御父が御子と、御子が御父と交わられるのと同じ聖霊そのものにほかなりません。神がこのような聖なる光のもとに生きるように私たちを呼んでくださっているとは、なんとすばらしいことでしょうか。驚くべき愛の神秘。その愛に応えるために地上では聖母のように過ごしたいと思います。つまり「すべてのできごとを心にとめ」て。そしていわば心の深みに身を埋めて自分を変容させるべく、そこに住まわれる三位一体の中に消え去りましょう。ですから、私の銘句、あなたのおっしゃる「光り輝く理想」は実現されるでしょう。それは三位一体のエリザベット、その名そのものです。

拝すべき三位一体よ、どうか私の魂が、永遠のみ国に住んでいるかのように、安らかさ静けさに包まれて、あなたの中に生きることができますよう、自分のすべてを忘れるように助けてください。・・・私の聖三位、私のすべて、私の至福、無限の孤独、私を沈める果てしない淵よ、私はいけにえとして、あなたにこの身をおわたしします。あなたの光明の中で、あなたの限りない偉大さを拝する日まで、私があなたの中に沈むことができるように、私の中にあなたを沈めてください。(三位一体の祈りより)

み言葉に潜心している母マリア

三位一体のエリザベットにとって、神の御子を胎内に宿し、深い潜心のうちに生きた母マリアはいのちの泉へたどりついた先駆者、人々をそこへ導く案内者である。聖母の魂こそ、三位一体への賛歌そのものである。

いとこエリザベットを助けるために、「マリアは出かけて、急いで山里に向かい、ユダの町に行った」（ルカ1・39）という福音を読むと、大変美しく、落ち着きのある気高い聖マリアが、自分のうちに宿しているみ言葉にひたすら潜心しておられる姿を見るようです。

お告げからご降誕までの数カ月の聖マリアの態度のうちに、神が魂の底知れない淵において内的生活をするよう選ばれた人々が生きるべき姿を見ます。どれほど深い平和と、深い潜心のうちにすべてのことをしておられたことでしょう。もっとも平凡な事柄も聖マリアにとって神とともにある神的なものでした。

無限なるものと有限なるものとの限りない隔たりは確かにありますが、イエス・キリストに次いで三位一体の偉大な栄光の賛美となった被造物がありますそれは聖マリアです。使徒のいう神の選びに完全に応えられ、「汚れなく、清く、とがめるところなく」常に、聖三位のみ前にとどまっておられました。聖母の魂はまったく単純で、その動きは誰もうかがい知ることのできないほど深いのです。あたかも地上に、神そのもの、単一なる方のいのちを聖母は写し出しておられるかのようです。そしてまったく透明で、光り輝いておられます。

聖母の小さい子どもである私が、「すべてのものが造られる前に生まれた方」(コロサイ1・15)、永遠の神の御ひとり子、御父の完全な光栄の賛美であった御子の生き写しとなれるように、この恵みの母が私を形づくってくださいます。

聖母は強く、雄々しく十字架の下に立っておられます。「見なさい、あなたの母を」と主は私に言われ、聖マリアを母として私に与えてくださいます。・・・主が御父のもとに戻られた今、「キリストの体である教会のために、主の苦しみの欠けたところを補うために」ご自分の代わりに私を十字架の上に置かれます。そのとき、聖母はなおも十字架の下にとどまって、御子のように苦しむことを私に教えられます。そして聖母のほか誰も聞きとることのできなかった主の魂の最後の歌を、私に聴かせようと望まれます。

五月、この聖マリアの月の間、聖母の魂の内で私はあなたとまったく一致しております――そこで聖三位を礼拝いたしましょう。

使徒となる

「わたしはぶどうの木、あなたがたはその枝である。人がわたしにつながっており、わたしもその人につながっていれば、その人は豊かに実を結ぶ」(ヨハネ15・5)

エリザベットにとって、使徒とはまず「主の輝きをとき放つ人」、「主を与える人」。その人は「主にとどまって」いるために、「多くの実を結ぶ」ことができる。そのような使徒となるには「私の心はひとつの祈り」となるまでに「主の心とともに祈らなければならない。こうして、使徒とは、エリザベットの言う「いのちの泉にとどまり」「その泉から汲みとる小さな器」となって人々に主を与えることにほかならない。

私たちは生けるホスチア

私はパーティーにでかけますが、（二十一歳でカルメル会入会許可を母親から得ていたエリザベットの誕生パーティー）、私の心を愛する方から引き離せる者はいません。きっと主は私がそこに行くことを喜んでおられるでしょう。私に近づく人々が、主の存在を感じ、主のことを考えずにはいられないようになるまでに、私のうちに主が現存されますようにどうぞ願ってください。・・・私たちは生けるホスチア、小さな聖体の器です。私たちのすべてが主を反映し、人々に主を与えるようになりますように。

私が主にお願いすることは、あなたが今よりももっと主のものとなることです。・・・そうすれば何ものもあなたを主から離すものはなく、主の心の喜びとなるでしょう。あなたの心は人々に遠ざけられた神が避難し、なぐさめを求めに来られる小さな天国となるでしょう。そしてまた両親の喜びともなるでしょう。なぜなら、イエスに一致しているものは、主の輝きを放ち、その恵みを与える生きたほほえみだからです。

私の心はひとつの祈り

アビラの聖テレサは娘たちがすべて使徒となることを望みました。それは非常に簡単なことです。主は私たちのうちにおられるのですから。主の「祈り」を私たちは宿していることになります。ですからこの主ご自身の「祈り」をささげましょう。その祈りに心を合わせ、主の心とともに祈りましょう。

常に主のうちに深くわけ入り、主に満たされることによって、神の賜物を知らない人々に、祈りをとおして主を与えましょう。

主が私の心を浸しておられるのを感じるときほど、あなたのために主に祈ることはありません。私の心は主が拒むことのできないひとつの祈りのように思えます。

あなたの心の奥底に沈黙が深まり、やがてはそれが聖三位のうちに広がるしじまのこだまとなりますように。そして祈りが決して絶えることがありませんように。魂はいつの日か幻視となり、至福となる方をそのうちに宿しているのですから。

私たちの心に住まい、御父を礼拝しておられるキリストご自身が、私たちの内でなさる祈りをおささげします。主と一致してください。大きな力を得られることでしょう。ベタニアのマリアの祈り「主よ、あなたの愛しておられる者が病気なのです」(ヨハネ11・3)をくり返しましょう。彼女はその率直で感動的な信頼によって奇跡をかち得たのではないでしょうか。勇気を出してください。神の子の平和と委託のうちに祈りを重ねましょう。

愛にゆだねきった心の祈りは本当に力強いものです。ベタニアのマリアはそのいい例で、主は彼女のたったひと言でラザロを復活させられました。

あなたが神に変容され、神的美しさを心に刻みこまれたとき、御父はあなたに身をかがめ、御子キリスト以外をあなたのうちに見ることができないで、「これはわが愛する子、わたしの心に適う者」（マタイ3・17）と言われるでしょう。

御父が私たちのうちに崇められているみ言葉をごらんになるとき、もはや私たちのひとつのまなざし、ひとつの望みも捨てておけなくなるでしょう。これほど強力な祈りがほかにあるでしょうか。

いのちの泉から汲みとる器となる

キリストの心の中に秘められたすべての宝は、私のものだと感じます。ですから、とても豊かな気がします。愛するすべての方のために、そしてお世話になった方々のために、この泉に水を汲みに来るのはなんという喜びでしょうか。
「いのちの水の泉」（黙示録7・17）のほとりに、いつもとどまっている使徒はすばらしい影響力をもっています。無限なる方と一致しているのですから、その魂は決してかれることなく周りの人をも潤すことができます。

すばらしい観想者の代表と言ってよいベタニアのマリアのように、主の足もとにとどまっていたいと思います。そして何ものをも聞きのがさず、主が私たちに明かそうとなさった愛の秘義の深みを究めること以外、何もしたくないと思います。それでマルタの役を果たして仕事をしているときも、いつでも渇いた人のようにこの泉にとどまり、マリアのように主を礼拝し、観想に沈みます。これこそ使徒職であると思います。・・・神的泉にとどまりさえすれば、人々に神の光を示し、神ご自身を与えることができます。そのためには主に近寄り、魂と心を神のものとし、神の心の動きに同化させ、キリストのように神の御旨を果たしていくことが大切です。

主は私たちのうちに住まわれているので、主の祈りは私たちの祈りでもあります。それでいのちの泉、源である主の内にとどまり、絶えずそこから汲みとるために小さな器でありたいと思います。

エリザベットの折々の言葉

エリザベットは、平凡な日常生活のひとこまひとこまを通じて、自分のうちにおられる聖三位の深みに入ってゆく。

誕生

聖三位のこの小さな住まい（数日前に生まれた妹の子）を前にして、敬虔の念で満たされるのを感じます。この子の心は神を輝き出す水晶のようです。もし、私がエリザベットのそばにいるなら、そこにお住まいになる方を崇めるためにひざまずくでしょう。

洗礼によって神の家となったこの小さき者のうちにおられる聖三位を拝することに大きな喜びを覚えます。これはなんという神秘でしょう。

死

もし私が死と向き合うなら、あらゆる自分の不忠実にかかわらず子どもが母親の胸でまどろむように、主の腕の中に身をゆだねるでしょう。私たちを裁かれる方は、すでに私たちの内にお住まいのその方以外の誰でもないのです。主は死へのこの苦しい移行を助けてくださる旅の同伴者となってくださるのです。

死はなんと理解し難い神秘なのでしょう。同時に、信仰をもって生きた聖パウロの言葉をかりると、「わたしたちは見えるものではなく、見えないものに目を注ぎます。見えるものは過ぎ去りますが、見えないものは永遠に存続するからです」（二コリント4・18）見えないものに目を注いできた人たちにとって、死はなんと単純な行為なのでしょう。

その決定的瞬間が私たちのために訪れるとき（神が私たちを呼ばれるそのときの状態に私たちは永遠にとどまるのであり、そのときの恵みの度合いはまさしく私たちの栄光の尺度となるのです）、私たちの前に立って裁くために神は来られるのではなく、魂が体を離れると、一生をとおして自分が所有していたにもかかわらず顔を合わせて正視できなかったその方を、自分のうちにベールなしで見ることができるのです。このことは私の考えではなく、神学も教えることです。私たちを裁かれるその方が、私たちをいつもみじめさから救い出し、ゆるすために私たちの内に住まわれていることを思い出すと、本当になぐさめになります。

天国は父の家です。私たちの天国への帰還はちょうど愛されている子がしばしの流謫の後、家へ帰るのを待ちわびられているようなものです。その旅路の伴侶を、ほかならぬ主ご自身が引き受けてくださるのです。心の中でその主とともに生きてください。主の現存のうちに潜心してください。

小さな病室の孤独の中で私がどれほど幸福かわかっていただけたら・・・主は常にそこにおられ、昼も夜も心と心をひとつにして生きております・・・そして私を神にささげてくださったお母さまのために神に祈っています。この病気以来、天国にまた近づいたようです。・・・永遠への準備をしましょう。主とともに生きましょう。主のみがこの大きな移行に際して私たちに付き添い、助けてくださることができるのですから。

苦しんでいる人々へ

あなたの心の苦しみがよくわかりますので、安易な言葉でなぐさめようとは思いません。あなたの避難所は母の心、すなわち聖母の心です。あらゆる心の痛手や悲痛な思いを知っておられるにもかかわらず。聖母の心は常に穏やかで強かったのです。その心は変わることなくキリストの心にゆだねられていましたから。

主を見つめてください。聖なるいけにえのそば近くで、苦しみの最中にも力と喜びを見いだすでしょう。

苦しみの深いときにこそ、芸術家である神は、ご自分の作品をもっと美しいものにするために〝のみ〟を使われます。ですから仕事中の芸術家ののみ手の中に心安らかにとどまっていらしてください。

十字架にかけられた方の近くにとどまっているだけで、あなたの苦しみは最高の祈りです。

ミサ

（叙階された新司祭へ）あなたの心には神の神聖な刻印がおされたのですから、本当に「神から油を注がれた者」となられました。宇宙を包み込むほど広大な全能の方は、人々にご自分をお与えになるためにあなたを必要としていらっしゃると言ってよいでしょう。祭壇で聖なる小羊をささげられるとき、思い出していただきたいことがあります。私の魂が主の血の洗礼を受け、浄められ、無垢なものとなるように、カリスの中に入れてください。あなたは「主の賜物の管理者」ですので、主の名においてお願いします。

私を主とともに「主の栄光の賛美のホスチア」としてささげてくださいませんか。そうして私のすべての願い、動き、行為が主の聖性を崇めるものとなりますように。

四旬節

私の修行のすべては、心の深みにわけ入り、そこにおられる方のうちに姿を隠すことです。この四旬節には、神のつきることのない愛の中でお会いしましょう。四旬節を主とともに孤独の深みを生きる砂漠としましょう。この孤独においてこそ、主は心に語りかけられるのですから。

待降節

ご託身の後、聖母は受肉されたみ言葉、神の賜物を宿されていました。ご自分がその母となった神のみ言葉を抱きしめるために、なんという沈黙・潜心・崇拝のうちに心の深みに引き込まれたことでしょうか。このみ言葉は私たちのうちにもおられます。聖母が抱かれたこの愛とともに、沈黙のうちに主のそばにとどまりましょう。そして待降節をこのようにして過ごしましょう。

司祭（そしてカルメリット）の生き方を一つの待降節と考えるのが好きです。――ちょうどダビデが「火は御前を進み」（詩編97・3）と歌っているように、人々のうちに受肉を準備する待降節。火とは愛のことではないでしょうか。「焼き尽くす火」（ヘブライ12・29）と呼ばれる方との一致によって主の道を準備するのは、私たちの使命ではないでしょうか。

神との接触によって魂は愛の炎のようになり、教会であるキリストの体のすべての部分に浸透するようになります。このようにして私たちの師の心をおなぐさめすることができるのです。そして主は私たちのうちで御父に「彼らによって栄光を受けました」（ヨハネ17・10）と言うことがおできになります。

降誕祭

夕べには聖堂にとどまり、そこで神なる御子を待つ聖母とともに過ごしました。その御子は今回、馬小屋にではなく、私の、そして私たちの心にお生まれになります。御子こそインマヌエル「私たちとともにおられる神」なのですから。

新年

「心の中でキリストを主とあがめなさい」(一ペトロ3・15)、そのためには、洗者聖ヨハネのもう一つの言葉を実現しなければなりません。

「あの方は栄え、わたしは衰えねばならない」(ヨハネ3・30)

私たちが聖化され、さらに主と一致するために主が来られるこの新しい年に、心の中で主が栄えられますように。そして他の被造物から離れてまったく一人、主とどまり、主が真に王となられますように。私たちは消え去り、自分を忘れ、使徒の美しい表現によれば、「栄光の賛美」となるように努めましょう。

三位一体の聖エリザベットの年譜

一八八〇年　七月十八日　パリ近郊ブルジェにて誕生
七月二十二日　受洗（マリー・ジェゼフィヌ・エリザベット）
一八八三年　二月二十日　妹マルグリット誕生
一八八七年　十月二日　父ジョセフ・カテー、帰天（五十五歳）
一八九一年　四月十九日　初聖体
一八九四年　カルメル入会の内的呼びかけ
一九〇一年　八月二日　ディジョンのカルメル会修道院入会
十二月八日　着衣（修道名、三位一体のエリザベット）
一九〇三年　一月十一日（ご公現の祝日）　誓願式

一九〇四年　十一月二十一日　三位一体への祈りを書きとめる

一九〇五年　四旬節　発病

一九〇六年　四月八日　病者の塗油を受ける

八月　「信仰における天国」、「最後の黙想」を書きとめる

十一月一日　最期の聖体拝領

十一月九日　帰天（二十六歳）

一九三一年　三月二十三日　列福調査開始

一九八四年　十一月二十五日　教皇ヨハネ・パウロ二世により列福

二〇一六年　十月十六日　教皇フランシスコにより列聖

『三位一体のエリザベット全集著作集批判版』使用
セルフ社（パリ）、１９８０年エリザベット生誕１００年記念出版

❖編・訳者 略歴

伊従信子（いより・のぶこ）

元上智大学比較文学部教授。カルメルの霊性を生きるノートルダム・ド・ヴィ（いのちの聖母会）会員。著作、翻訳のほかに黙想指導に従事。
著書：『テレーズの約束』、『レオニー小さい道を妹テレーズとともに』（サンパウロ）、『いのりの道をゆく』、『神は私のうちに　私は神のうちに』（聖母の騎士社）、『テレーズを愛した人々』（女子パウロ会）ほか。
編訳書：『ひかりの道をゆく』（聖母の騎士社）、『弱さと神の慈しみ』（サンパウロ）、『光り・愛・いのちへ』（ドン・ボスコ社）、『テレーズ　365の言葉』（女子パウロ会）ほか。
訳書：『幼いイエスの聖テレーズ自叙伝』、『三位一体のエリザベット』（ドン・ボスコ社）、『わがテレーズ　愛の成長』（サンパウロ）、『イエスの渇き』（女子パウロ会）ほか、多数。

三位一体《さんみいったい》の聖《せい》エリザベット
いのちの泉《いずみ》のほとりにて

2017年4月14日　初版発行

編訳者　伊従信子
発行者　関谷義樹
発行所　ドン・ボスコ社
〒160-0004　東京都新宿区四谷1-9-7
TEL03-3351-7041　FAX03-3351-5430
装　幀　幅 雅臣
印刷所　株式会社平文社

ISBN978-4-88626-617-0